人生必须算的七种账

李 昊◎编著

中国长安出版社

图书在版编目（CIP）数据

人生必须算的七种账／李昊编著．—北京：中国长安出版社，2006.4
ISBN 978-7-80175-468-4

Ⅰ．人…　Ⅱ．李…　Ⅲ．人生哲学—通俗读物　Ⅳ．B821-49

中国版本图书馆CIP数据核字（2006）第039588号

人生必须算的七种账

著者：李昊　编著
出版：中国长安出版社
社址：北京市东城区北池子大街14号（100006）
网址：http://www.ccapress.com
邮箱：ccapress@yahoo.com.cn
发行：中国长安出版社　全国新华书店经销
电话：010-65270593　65270433
印刷：北京紫瑞利印刷有限公司
开本：710×1000毫米　1/16
印张：14.5
字数：160千字
版本：2006年6月第1版　2020年6月第2次印刷
印数：1-5000册

书号：ISBN 978-7-80175-468-4
定价：38. 00元

前言
Preface

我们都知道企业里会计要算账，不但要算，而且要算得精细，算得清楚，因为这关乎企业的发展以及每个人的利益。其实，不只是企业、单位要算账，我们每个人都应该算算账。算什么账呢？谁来算呢？对于人生这笔账，会计就是你自己。

人生就是一笔账，有时糊涂，有时清楚。如果你精于算计，那你的生活就会井井有条，清晰明朗；如果你不会算计，那你的生活就会混乱繁杂，如一团乱麻。有人问："我跟谁算账呀？"当然是跟人算账了。想想人在世界上，打交道最多的不是人吗？在生活中，每个人都具有多重身份，在领导面前你是下属，在下属面前你又是领导，在工作中大家彼此又是同事，你是亲人的亲人，你是你爱人的爱人。你有朋友，也有生意上的伙伴，你就是要好好算计与这些人之间的账。你的领导是不是过于不讲理，你的下属是不是过于刺头，你的同事是不是陷害你，你的客户是不是很难缠，职场上生存不容易，你需要时时警惕，刻刻小心。此外，你的朋友是不是可靠，你的爱人是否出轨，你的亲人还是不是你坚强的后备力量，所有这些令人头痛又难处理的关系，你都要一笔一笔处理好，否则你就难以生存。

本书从领导、下属、同事、客户、朋友、亲人、爱人七个方面阐述了算账的内容，透析了人生的变幻莫测。精于算账，才能算得精;精于算账，才能算得明白;精于算账，才能算出精彩的人生。

目录
Contents

第一章

与领导的明细账：生存只在谋略间

账经常听到员工这样抱怨："我的老板异常独裁，根本不听下属的建议。""我的老板脾气暴躁，动不动就大发雷霆，使人整天提心吊胆。""我的老板经常大小功劳通吃，还时不时地让我们给他背黑锅。"……凡此种种，都是领导的负面做派。作为员工，你若遇上了这样的老板，千万不能姑息纵容、忍辱生存，要想出种种方法来应对，否则你的日子就永远好过不了。

1. 小心宠信背后的阴谋

一般来讲，精明的上司都很难缠，他们往往是一些天生的心理学家，常常利用下属的心理错觉，玩弄手腕达到自己的目的。所以，作为下属的你要时刻提防他的“小人”之术。

由于职场的复杂性，人与人之间产生了各种各样的相互关系。其中上司与下属的关系是较难处的，大部分原因是由于上司的“小人”手段造成的。

不幸的员工遍布天下，因此能够遇上一名真正关怀下属的好上司，不知是多少下属的心愿。但实际工作中，上司总是拿员工当做手中的一颗棋子，随意调遣利用。

许多经验说明，下属一旦被上司作为协商的对象私下讨论问题时，就会对上司萌发感激之情，于是事后就不得不对自己当时的话负责。“有点儿事想和你商量……”这样充满尊重而又有礼貌的话，大概是没有哪一个员工会觉得讨厌的。下属一旦被上司挑起自身的某种尊严感，就一定不会对上司丧失了防范之心。

人们在面对与自己同等或是比自己差的人时，往往是别人越表现拙劣，自己就越能建立起心理上的自尊，甚至还会产生几乎感到不好意思的优越感。

精明的上司正是利用下属的这种心态，拿出一些有问题的事情来找你商量，然后说你的意见正合他意，并且连连向你道谢。殊不知，此处却有一个大陷阱在等着你：如果事情真按你的意见去做，而发生了无法弥补的错误，这时你就该倒霉了。

“事先不知道会闹出这样大的事。”如果上司以这样一句话作结，那么你就应该感到庆幸并且要对他心存感恩了；如果他再来一句：“我太信任×××了”，一口咬定完全是依你的意见行事的话，恐怕你就得负最主要的责任！

所以说，如果上司一找你商量事情，你就得意洋洋的话，说不定什么时候就会被扯进这种麻烦里。

这个方法，还经常被上司运用在会议上。为了在重要会议上达到有利于自己的目的，这些上司以笼络出席者的口吻说：“敬请多多批评指教。”同时直率地向对方提出自己想要通过的议案，装作接受指导的样子：“请多指教。”一听到这句话，下属心里就会产生一种优越感，而容易被上司所利用。

精明的上司有时还会利用你的虚荣心，采用使双方立场倒置的言辞对你进行诱导，从而达到他们自己的目的。

人天生有一种抗拒心理，特别是对上司不合理的命令不愿意服从。然而，同样是上司的命令，如果用“拜托”这个字眼来扭转彼此的身份，即使对自己不利，人的反抗心理也会微乎其微，常常不会感觉出这也是命令。

在平时，一般上司给下属的命令都比较严肃，语言也运用“职务语言”，如“我现在把每个人的工作任务安排一下，大家各就各位，开始工作”。而精明的上司为了掩饰自己不可告人的目的，他可能会故意走到下属的桌旁客气地对你说“有一件事想拜托你……”。本来应该用命令的语气，上司却对下属称“拜托”，由于措辞使说话者的立场（身份）逆转过来，如此一来下属的虚荣心膨胀，飘飘然起来，很容易按上司的意图去行动。有时候，上司还会用很具亲和力的字眼来称呼下属，这时双方之间的情势也会扭转过来，使下属抱有优越感，对上司也会变得信赖、顺从，对其命令也容易失去戒备心。

能够跟上司这么近乎地打交道，在下属看来是一件很荣耀的事。精明的上司有时故意做出某个举动，说些熟络的话，把自己降到普通人的地位，甚至通过语言的印象，使下属格外受到尊重，这是借着立场的逆转挑起对方的虚荣心。

对此下属要有清醒的认识，不能沉溺于上司的奉承之中。一旦出现这种情况，你就要提高警惕——是否又有难办的事交给你去做了。最好的办法是，当上司突然与你拉近乎、套关系时，你千万不要轻易答应上司，要先发制人改变话题。比如，当上司说："小李，我有件事想拜托你帮忙办一下。"你可以说："哎呀！这恐怕不好，您上次吩咐的事，我正好处理了一半，一旦中断，恐怕又得从头干起了。"然后，你就与他谈你正在办的事情，并把他的注意力吸引到这件事上，这样，上司就会把注意力从那件难办的事上移开了。

如果上司与你套近乎，你也别乐昏了头，你可以在对方问题还没有提出之前，先提出你的问题，让他围绕你的问题思考。

总之，一旦上司莫名其妙地与你亲热起来，你就要提高警惕，前后思量，注意防范。

2. 不被欺上瞒下的上司所利用

有的上司为了达到自己的目的，不惜采用一些卑鄙的手段刺探下属的消息，然后再在上级那里做一些欺骗上级的汇报，作为下属一定要识别其中的花样，以免上当受骗。

在现实生活中，既有诚实的上司，也有虚伪的上司；既有大公无私的上司，也有自私自利的上司。作为下属既要看到值得尊敬的上司，又要警惕各种危险的上司，欺上瞒下的上司便是一种危险的上司。他们从来都是和颜悦色，从不威胁别人，但他们从来都是善于玩弄手段，隐藏事情真相，绝不会对你、对任何人讲真话。他嘱咐你做事，却不会把要你做此事的真正原因告诉你。他玩花招、要手腕，真的认为他能在智力上战胜你。他并不是在帮助你，而是在利用你摆脱那些他自己惹出的麻烦。

这种上司会突然走到李四面前，煞有介事地说：“我最信任你，我想从你们几位下属中安排一个人来做一件工作，所以要了解你们几位下属的人品和能力。我知道你很为难，但没有关系，在不妨碍你的前提下，请你给我提供一些情况，我一定替你保密。”看到上司这么诚恳，李四就把各位下属的优缺点客观地向上司作了汇报。

没想到上司却把李四的意见添油加醋后对张三说：“你对李四要小心，虽然你们是同事，但他说你……，你千万不要太大意了。”

受到上司如此的信任，张三又把各位同事的优缺点向上司一一作了陈述。

像这样的上司，总会利用各种各样的下属，假装和你很亲密，以表示自己对下属的信任，而有些下属自以为碰上了信任自己的好上司而心怀感激，因此拼命收集情报向上级汇报。没想到上司竟用这种方法来诱骗下属互揭隐私，造成下属之间的各种矛盾，从而更有利于上司对下属的控制。

和这样的上司相处时要知道他的做法都是不道德、不合理的，采用的手段也是卑劣的。他如果让你帮忙做什么事的话，你要巧于应对，先思而后行。假如你不能做他要你做的事，你就要设法躲避，但同时又避免触怒他，以防他日后伺机报复你。

即使他言而无信、出尔反尔，你也要始终保持冷静，处理相关的事要敏捷、老练。如果他搞阴谋诡计引起麻烦，那是他的问题，没有你的事。你要变被动为主动，让其阴谋不能得逞。如果事情引起的后果不是很严重，且不造成损失伤害，也可以听之任之；但当它的危害性可能较大时，便绝不可视之为儿戏。从这几个因素出发，综合地考虑其中的利害与得失，便能够较为明确地采取相应的方法加以防范。这不仅事关系公司的利益，甚至对社会都有危害，你就要挺身而出诉诸法律。

3. 找准火候巧妙争辩

一味盲从是懦弱无能的表现，辩护不等于逃避责任。被上司批评或指责，虽然应该诚恳而虚心地听取，但并非说你一定要忍气吞声，不管他说得对不对都要全盘接受，必要时应该勇于为自己辩护，并且要做积极的辩护。

有的上司天生脾气暴躁，他的情绪很容易失去控制。这样的上司经常会为了一点芝麻大的小事就对下属大发脾气，有时根本就不是下属的错误，他也会不分青红皂白地指责下属，甚至还会不分场合公开地斥责下属。如果出现了这种情况，作为下属的，你应当把握时机，积极辩护。

积极地辩护绝对不等于逃避责任。现实生活中的确有这样一些人，他们在面临麻烦的时候常用辩护来逃避责任。其实，这就是走到另一个极端了。这种推卸责任的辩护，偶尔为之尚可原谅，倘若一犯再犯，肯定会失去别人对你的信任。我们说的积极辩护并不是那种为了逃避责任的狡辩，而是一种正当的自我保护行为，是应对脾气暴躁上司的一种有效方法。因为在实际工作中，有很多时候做错了事的责任不在下级，大部分是在上司或其他人，这时就应大胆辩解。不辩解，只能使上司对你的印象更加恶化，而丝毫不会考虑到他自己也有责任。

所以，工作中尤其是下属与上司之间，在因地位不同而发生意见相左的情况下，不要害怕自我辩护会被认为是顶撞。应积极地说明理由，沉默不语只能使问题更加复杂而难以化解矛盾。

也许大多数与脾气太大的上司相处的人都曾产生过辩解的想法，可是却苦于找不到合适的时机和方法，不知道自己应该什么时候辩解，也不知道自己应该采取哪种方式加以辩解。

与脾气太大的上司相处的确很难，而想要向他解释事实的真相就更难。因此遇到这类棘手的对立状态时，更应该积极辩解，明确责任。

其要点大概有如下几个方面：

（1）不要畏惧。

许多人都很害怕这种上司，看到他火冒三丈的样子心里就直打哆嗦。对于那些脾气太大的上司，你千万不要心存畏惧。其实，这根本就没有必要，他脾气再大也不会活活吃了你。

经验证明：越是嚷得凶的上司，往往心越软。况且他只是脾气上来时才那样不可理喻，等到发完脾气之后就又变得心平气和了。

还有一种脾气大的上司是外强中干。正因为他们内心里不自信，不踏实，没把握，才借大发雷霆找回一丝余威。所以，不管怎么样你都没必要惧怕他们。

（2）把握时机。

对于一个下属来说，与脾气太大的上司相处一定要学会运用灵活变通的办法。如果上司错误地指责了你，那么你应当找一个最合适的时机加以积极地辩解，这对一个下属来说至关重要。

那么，什么样的时机才算合适恰当呢？这就要根据实际情况来判断。不过，经调查研究表明，向脾气太大的上司辩解应该越早越好。辩解得越早，则越容易采取补救措施。否则，因为害怕上司的责骂而迟迟不说明，越拖越误事，上司会更生气。在上司火气正旺时急于辩解，那样只能是火上浇油。不但什么事也说不清楚，还会把事情弄得更加糟糕。

你可约他私下谈一谈，可以对你的上司这样说：“昨天，你因为我的工作出现了失误而在我的办公室当着我的下属斥责我，未免有点过火，弄得我很难堪，连我的下属也很不好意思。要知道他们对我的尊重很重要，就像我应该尊重你一样。你当众批评我，会影响我的威信，也影响我以后能力的发挥，这对你、对我、对咱们以后的工作都不利。我相信你是希望我很好地发挥我的才能的，以后类似的事能到你的办公室去谈，或者当咱们俩单独相处时进行，那样效果会更好，因为我会心平气和地听着你的话。”

一般来说，这样的话你的上司即使没有爽快接受，之后也会进行冷静思考的。

假如，他并没有认真考虑你的意见，以后仍当着你的下属斥责你时，你就可以打断他的话，然后说："我们是不是去你的办公室谈一谈？"这样他就会记起你以前同他的谈话。

如果你的上司经常小题大做，令你难堪，而对别的下属不会这样，你就要考虑在他面前重新树立一个更有利于你的形象。

与脾气太大的上司相处时，如果遇到上司的责难或误解，你理所当然地应该为自己的清白勇于辩解、积极辩解。不过，与平时讲话一样，应该讲究技巧、时机。只有选择恰当的辩解技巧，把握合适的时机，你才能既不会冒犯领导，又能达到自己的目的。

（3）简洁适度地道歉。

脾气太大的上司怒火中烧时往往希望下属能向自己认错，能够深刻地进行反省。许多下属都深谙这一规律，于是当上司训斥完自己的时候就马上向上司深刻反省一番，以求能获得上司的原谅。

向上司道歉的确是一个获得上司好感、消除上司怒火的重要方法，但是道歉也有一定的原则，绝对不是随意进行的。经验提醒你，当你向上司道歉时，一定要简洁明了，恰到好处。千万不要悔恨不已，痛哭流涕，不成体统；越把自己说得无能，越会增加上司对你的不满。还是适当一点为好，但要说到本质上，说明自己对错误已经有了足够的认识。

（4）站在对方立场讲话。

当你向脾气太大的上司进行辩护时，千万记得要站在对方的立场上讲话。上司责备下属，当然是出于自己的立场。如果下属不了解这一点，一味认为自己受了冤枉，站在自己的立场上拼命替自己辩解，只能是越辩越使上司生气。应该把眼光放高一点，站在对方的立场上来解释这件事，这样就容易被接受了。

任何人都有保护自己的本能，做错事或与旁人意见相左时，都会积极地说明经过、背景、原因等。但在上司看来，这种人顽固不化，只是找理由为自己辩护罢了。你只有站在上司的立场上理智地说明事实，才有可能得到上司的理解和认可。

4. 不做上司的替罪羊

应对嫁祸于人的上司，你要勇于申辩，千万不能做他的替罪羊。

嫁祸于人的上司总爱把自己的过失转嫁到下属的头上，对于他来说，至关紧要的是要保住自己的职位。甚至于他们利用职务之便，以权谋私，从事非法交易，出于自己的安全考虑以及能够逃避法律责任，要抓住某个人替他受过，因此你就有可能成了他的牺牲品。

嫁祸于人的上司经常在你还没有弄明白事情的真相时，便把你劈头盖脸地批评一顿。先给你一个下马威，让你一时不知从什么地方下手去争辩，同时混淆视听，转移大家的视线，给别人造成一种任何错误都是下属干出来的错觉。无疑，你成了无辜的受过者，而真正的过失者可能就是他本人。然而，不容你作争辩，他已经为你判了罪。

嫁祸于人的上司自己犯下了错误，他是绝对不会站出来承认的，他可能预先或随时寻找机会，拿住一个下属做自己的替罪羊。他可能会把自己得来的不正当的利益分一部分给你，但当他的不当行为被发现之后，就会随时把你拿出去当替罪羊，下属应特别警惕。

周冲就碰到一个这样的上司，他的顶头上司蒋经理升为了总经理，而周冲却破产了，因为负债累累，只能东躲西藏。事实上，正是周冲的负债累累换得了蒋经理的高升，故事的来龙去脉是这样的：

那天，周冲和蒋经理去银行取款，打的回来，到了公司门口，下了车才发现皮包破了，钱丢了一半，天啊！整整15万啊！周冲吓得脸色苍白，蒋经理也吓了一跳。但片刻之后，他就冷静下来，并示意周冲别声张，回到办公室后，他让周冲先坐下安静一会儿，让他想想怎么处理。蒋经理沉默了一会儿说："就当做没有发生过这件事吧！"

"没发生过？什么意思呢？"

周冲不明白他话里的意思。

他诚恳地为周冲分析："你是非常正直又认真的人，这一点我知道。事情的经过我们都很清楚，我们可以把真实情况反映上去，但是公司会怎样想呢？"

周冲默不作声、不知所以。还是没有明白他的意思。

"公司也许会认为，这个职员说是遗失贷款，说不定是掖进自己的腰包里。大部分人也一定会这么认为的。"周冲边听边流出了冷汗。

"我是十分信任你的，况且整个事情发生时我们确实不知情，但是公司一定会持这种看法。你还年轻，可以说前途无量。如果被公司怀疑了，你以后的日子怎么过呢？我这是为了你我的前途啊！"

周冲一下被他的话震呆了，全身颤抖。

"15万元的确不是一个小数目。但是它却换不回你的大好前途。如果我是你，就不会把这件事张扬出去，而会想办法补足这一笔款项。"

周冲咀嚼着他的话，不知不觉中觉得他的话越来越有道理——那家伙说钱是被人偷走的，其实全都放进自己的口袋里了——同事的这些指指点点如在耳边。就依经理所说的，想办法填补这15万元吧……

经理听后，大加赞赏："这才是最明智的做法。"

然后又加上一句："为了我们的将来，我绝对不会对任何人说。所以，你千万也不可以对任何人提起这事。"

后经蒋经理的暗示指导和一再地怂恿威胁，周冲动用了财务部的一笔款子，补足了丢失的贷款。

后来，公司查出了这笔款子被挪用，就追查下来，这时蒋经理告了周冲一状，周冲被查处了，任他百口莫辩。最后周冲明白了，蒋经理把这件事隐藏起来，说是为周冲着想，其实完全是为了自己。

丢了这么多钱，他作为周冲的上司当然要负主要责任，作为工作失误，周冲当然会受到处罚，但至少不会是现在这样，同事也未必如他说的那样怀疑自己。而蒋经理却踩着自己的鲜血爬上去了。

应对嫁祸于人的上司，你要勇于申辩，千万不能做他的替罪羊。你要根据他所犯错误的大小，分以下两种情况加以应对。

首先，如果是一些十分严重的恶性事故，足以造成很大的经济损失或政治影响，不管怎样都应该据理为自己申辩，这里已经不存在情面与技巧的问题。如果你仍然顾全上司的面子而把责任都往自己身上揽，其后果是不堪设想的。

其次，在涉及触犯国家法律的事情时，也应该毫不留情又实事求是地进行有力的申辩。以有力的事实向公司证明你的能力和忠于职守，并揭露那些心术不正的上司的种种诡计，否则你只能吃哑巴亏。如果在这种情况下你还要为上司掩饰，其结果只能是害了自己。而且在法律面前谁也不可能徇情保护你，千万不要寄希望于那些虚假的承诺。

当然，如果是无关宏旨、无足轻重的小问题，替领导背一次黑锅也无妨，或许他会找机会回报你呢。

5. 邀功，该得的不要放弃

要想使你的付出与功劳成正比，就得向老板邀功，该得到的就不要放弃。

对待员工，有的老板善于从小处入手赢得员工的信赖，从而使工作的协调一致，取得成绩；有的采取严格管理，加强纪律观念，凡事以事为本。老板的类型不同，员工得到的利益也就不同，获得的奖赏也不尽相同。作为前者的下属，你不必过多地考虑你的奖金、职位、培训，那是老板考虑的对象；而作为后者的下属，你就不得不适当地表现表现，以便使老板认识到你的需要。

因此，我们不得不思考这样一个问题，怎样向老板提出自己的要求才会不遭到拒绝呢。

首先要分析老板是哪种类型的。其次是决定采用的方法，对于关心细节的老板，可以点到即止，老板的悟性是很高的。那样，不至于使老板认为你是故意的提出要求。对于那些应该由相关部门依照程序办妥的事情，应该主动提出，争取自己的权利。对于一些对工作一本正经的老板来说，提出适当的合理的要求，老板会给予考虑的。

某项目部门刚刚提拔起来的主任工程师，文件已经下来了，劳资部门却迟迟未动，问时，回答说："需要老板认可。"这位主任工程师向老板汇报工作时装作偶然提起："我前天在劳资部门看到我的工资，好像还是那些钱，没有变化呀。”“是吗，按常理劳资部门接到任命文件就应当按照这一级别去执行，这事可能是由于我疏忽了，一会儿问一下。”

向老板展示自己的成绩是无可非议的，但是要讲究方法，讲究策略。若盲目地去邀功求赏，不但达不到自己的目的，还会使老板产生反感，“偷鸡不成蚀把米”。

小刘在一家电脑公司工作，由于他工作认真，小事大事都抢着干，而且常常主动加班，奋力拼打，他所在部门因为他的表现而在业绩上有很大进步，老板先是为他加薪，又是对他以及他所在的部门加以表彰。

那段日子里，小刘的确是非常的出风头，可是没有半年的时间，他就被炒了鱿鱼。事后，有人透露说，这都是由于他太邀功了。有一次在部门的总结大会上，小刘发言说：“我的成绩大家是有目共睹的，成绩的取得就在于我喜欢走一步想三步，这是我的最大优点，我凡事都不会只看表面现象，遇事总爱多问几个为什么，这就是我的性格。”

像小刘这样的员工，即使再怎么工作勤奋，也不会有老板能容忍他。好像公司只有他一个人在创效益，也只有他一个人聪明，对功劳大包大揽毫不谦虚，这样的人不被炒鱿鱼才怪呢！

那到底如何向老板邀功呢？

首先是采用恰当的方式：向老板汇报的方式是最好的，通过汇报不但能表达你对他的敬意，并且会使他充分地了解到你在工作中起到的作用，到底分工不同，有分工就会想到担当的责任不同，从而达到邀功的目的。你若要求受到奖励，就会涉及到相应的分配问题，也会使老板认识到你的功劳。

其次，邀功时不能忘记所有的事情都是大家共同努力的结果，把大家的功劳摆在前面。在表彰时要加上在老板的支持下，在同事的帮助下等此类的话语。太多的自吹自擂会使老板觉得个人主义突出，不利于团结。甚至心眼小的老板会认为你想要超过他，认为你是不得志。

再次，言语要谦虚，纵使在心里瞧不起所有的人，也不要得罪所有的人。众口铄金，积毁销骨。邀功过分，将会孤立无援。

有些人苦于与老板接触的机会不多，不能给老板留下深刻的印象。其实，正因为机会不多才更应该珍惜，多给老板提供一些有利于自己的信息。

有一个员工，在同一个岗位上干了好几年也没有获得升迁。他反省了自己的得失，最后想出了一个办法：他在交给老板的报表中，似乎是无意的夹入了一张便条，上面写着他对本部门工作的一些建议。老板在翻阅报表时，便条掉了出来，老板拣起便条，越看越惊奇。

一会儿，他去敲老板办公室的门，脸色通红地说："对不起，我把自己的一件东西错放到文件中了。"

"我已经看了，你的想法很好呀！"老板热情地和他交谈起来。他是有备而来，必然说得头头是道。最后老板决定升任他为某个地区的副经理。

向老板汇报工作是展现自己才华的机会，也是向老板了解各种信息的机会。一般来说，即使和老板相处只是短短的几分钟，也能从老板的表情、话语中得到一些有用的消息，如老板对你的态度，对目前公司处境的态度，对下一步工作进展的预测等等。

相反，不重视这些场合，不仅失去了许多与老板交流的机会，还可能给小人以可乘之机。大伟在一家日资企业工作，老板要求他们每周交一份工作总结。有个同事十分"热心"，每次对他说："我正好去办公室，就顺便帮你交了吧。"大伟属于绝无心计的人，便连连道谢答应了。半年之后，大伟才知道，他的同事在每次交报告时都对老板说，大伟那份报告也是他做的。

记住，当你是一个地位低微的员工时，当你的老板似乎高高在上，难以接近时，尤其当你找不到与老板交往的途径时，记住从向老板汇报工作开始。

当今社会是个竞争相当激烈的社会，如果你想得到某些东西，必须亲自去争取，否则，许多原本是你的东西就会被别人抢走了。

6. 躲开上司的挑剔

在爱挑剔的上司手下干活是件让人难受的事，但你又不能不做，因为不做本身就足以让上司挑剔了，怎么办？你必须掌握一些与之相处的技巧，方能保自己平安无事。

碰到爱挑剔的上司是最令人头痛的事了。由于他的存在，你常常会处于不自信的状态之中，因为他老是打击你的情绪。比如，明明你是完全按照他的吩咐去处理一件事的，过后他又指责你办事不妥；公函内容和打字格式是他告诉你的，等你拿给他签字时他又说这封信应该重打；你从事的是专业性很强的工作，可对你的专业一知半解的上司偏偏对你的能力“不放心”……如此这般的例子还能举出很多。在挑剔的上司手下干活，会觉得自己浑身上下的汗毛都是竖着长的，左右都不是，怎么做都让他看不惯。

吹毛求疵的上司之所以如此挑剔下属是有一定原因的，我们必须了解使上司吹毛求疵的原因，才能做到对症下药。大多数吹毛求疵的上司总是习惯于挑剔和指责下属，他们之所以如此求全责备，其原因主要有以下几点：

首先，这类上司自身的水平较高。他认为你应该把他交代的一切干好，因为他总是拿自己的水平要求下属。

其次，上司对下属过于挑剔，很可能是因为他们在某些方面嫉妒自己的下属。这样的上司从不会承认别人的优点，也从不尊重下属的劳动成果，更不会设身处地地考虑下属的难处。他们以为如果找不出下属的毛病，就显示不出自己的水平高。

最后，上司对下属吹毛求疵还有可能是因为这位上司在工作中遇到了一些麻烦，比如不被自己的上司重用或提升等。这类上司常常会产生这样的情绪："尽管我尽了全力，可依然得不到上司的欢心。我一遍遍地检查手下人的工作，我相信自己干得不比别人差，可是不知道为什么，前两次提升都没有我？也许我应该把我的人盯得再紧些。"

不管怎么说，碰到爱挑剔的上司，对下属而言，总是不利的。那么，该怎么办呢？以下几点方法不妨一试：

（1）弄清上司的意图。当上司交给你一项任务时，你应该问清楚他的要求、工作性质、最后完成的期限等等，避免彼此发生误解，应尽量符合他的要求。小王的老板是个非常挑剔的人，但他对小王却不像对其他人那样百般挑剔。许多人向小王请教内在的秘诀，小王告诉同事说，让老板自己亲自指导。原来，每当老板给小王交代任务时，小王就拖住老板不放，问个不停，一直到把什么事情都问个清清楚楚才罢休。结果老板当然没什么可挑剔的了。

（2）设法获取上司的信任。有的情况下上司处处刁难你，可能是担心你将来会取代他的位置。如果你洞察到是这个原因时，你应该尽自己最大的努力使他安心，让他明白你是一个忠心的下属，你可以主动提出定时向他报告的建议，让上司完全了解你的工作情况。一旦获得他的信任后，他便不会对你过分要求完美的工作效果。

（3）正视问题。不要回避问题，尊重自己的人格，不卑不亢。正视问题，尝试与你的上司相处，针对事情而不是针对个人。例如：上司硬是把别人的失职怪罪到你的头上时，你应该据理力争，抱着"错了我承认，不是我的错而要我承认，恕难照办"的态度，论理而不是吵架，让他感觉到你的思想和人格。一个言行一致、处事有原则的人别人自然不会小看，就算老板也不例外。

（4）别太计较。不要对上司的挑剔或刁难太计较，能过去就过去。应该把自己的工作放在最重要的位置。如果眼前的这份工作能满足你的要求，比如丰厚的薪水、优雅的工作环境等，那么你就不要因一些不值得的事放弃这份工作。如果你非常爱自己的工作，想做一番业绩，那就尽量不要放弃目前的工作，求同存异，不要把老板的人品与钟爱的事业同日而语。

（5）转移视线。你还可以采用另外一种方式来应对，那就是转移他的注意力。这类上司有时会对你或你的工作没完没了地挑剔，其原因很可能是因为他把全部注意力都集中到了你目前的工作上。针对这一原因，你可以想办法把上司的注意力引向更有意义的工作，鼓励上司把注意力放在本部门的需要或是他本人流露过的个人目标上，并且向他提供实现这些计划的方案，即用积极的行动代替检查习惯。

7. 智斗“窝里横”上司

如果遇上这种恃强凌弱的“窝里横”上司，你一定要时刻注意自己的言行，在言语行为上尊重他们，转移他们恃强凌弱的心理，小心慎重地与他们相处。如果碰到过分恶劣的欺压行为，也不必示弱，应据理反抗。

有一种“窝里横”的上司，城府极深，对不如意的事抓住不放，好施报复，对不听话的人设法去除。由疑生忌、由恨而狠，轻拳还重拳，且以先下手为强，宁可错打三千，也不肯放过一个，抱着“与其人负我，不如我负人”的观念。这种人不疑则已，疑则莫解，喜怒不形于色，怒之极，反有喜悦的假象，使你毫无防范。更有甚者说翻脸就翻脸，完全不顾及以前的旧情，只要小事一桩不顺他的心，就全盘否定，翻脸无情。

汉高祖和吕后都是城府很深的人，吕后采用萧何之计，诱杀了韩信。高祖正带兵征剿叛军，闻讯后心里很不安，派使者还朝，封萧何为相国，加赐五千户，再派五百士卒、一名都尉做相国护卫。

百官都向萧何祝贺，惟陈平了解刘邦，心里暗暗担心，暗地里对萧何说：“大祸由现在开始了。我劝您辞让封赏，并拿所有家产去辅助作战，才能打消皇上的疑虑。”萧何顿悟，依计而行，变卖家产犒军。高祖果然喜悦，疑虑顿减。

这段故事虽是在古代发生，但仍然具有警世之用，对现代人也颇有教诲。对付阴险的“窝里横”上司，下属要处处小心谨慎，巧妙应对。现代社会到处都充满着激烈竞争，一些人依仗自己较强的能力、权势或地位，专门欺负那些相对来说处于弱势的群体，在你的上司中也不乏这样的人，这样的上司就是恃强凌弱的“窝里横”上司。

恃强凌弱的“窝里横”上司总是漠视自己下属的感受，随意指责和训斥下属，根本不顾及下属的自尊和颜面。这样的上司总喜欢以权压人，仗势欺人。他从来不认为自己是在恃强凌弱，却总是认为下属就是用来指责和发泄怒气的。

恃强凌弱的“窝里横”上司惯有的想法是：“他们简直就是一群无能之辈，什么事都弄不明白。瞧，我告诉过他们处理事情的正确方法，可他们却偏不听。不管怎么样，我说的绝对正确，不容他们存有疑义。我必须证明他们是多么笨，否则就显示不出我有多厉害。”于是，在这种心理的驱动下，上司就更加轻视下属以及下属提出的意见，凭借自己的权力和地位随意蔑视下属、伤害下属。

恃强凌弱的“窝里横”上司往往位高权重，他们对你事业的发展和进步起着至关重要的作用，如果稍有不慎得罪了他们，你辛辛苦苦为之拼搏、为之奋斗的事业很可能会受到非常沉重的打击，甚至还会因此中断。所以如果遇上这种恃强凌弱的“窝里横”上司，你一定要时刻注意自己的言行，在言语行为上尊重他们，转移他们恃强凌弱的心理，小心慎重地与他们相处。如果碰到过分恶劣的欺压行为，也不必示弱，应据理反抗。

8. 成绩被上司抢，我该怎么办？

无论职位高低，所有的员工都是给老板打工；所有的老板都希望员工忠诚于自己。只要在老板心目中确立良好的人格地位，你的“大尾巴狼”上司想抢你的业绩都难。

在公司里做事，无论职位大小，总会有自己的顶头上司，除非自己做老板。跟上司是铁哥们、铁姐妹也就罢了，如果是初进公司，公司人事还不很通，学历又耀眼三分，还有比较突出的工作能力。这时，对于那些心胸豁达的上司，可能会认为下属是可造之材，会寻找机会大力提拔；与之相反，小心眼的上司却对工作突出的下属耿耿于怀，怕这些毛头部属一不小心“功高盖主”，抢了自己的风头，阻碍了自己的仕途。小心眼上司的最大特征，是将他人业绩揽到自己头上，还时不时使个绊子。使绊子倒还不影响工作情绪，最怕的是业绩被抢，完成工作的成就感霎时灰飞烟灭，个人在公司里的价值似乎也荡然无存，除了心寒，还有什么？

田青从毕业时进去的公司跳出来后，在一家刚成立的咨询公司做客户。三个多月做下来，田青形容自己是巨石下的小草，拼命挺直身子，在公司里挣扎活命，可到头来还是在原地踏步。为什么？是她不够努力吗？当然不是，主要原因是自己做成的客户到顶头上司那里都变成顶头上司的业绩。顶头上司原本是凭借骄人的工作经历被招进公司直接做客户总监，仅比田青早进公司两个多月。据说客户总监在田青进公司前，业绩平平；

田青进公司后，才有了点“高歌猛进”的意味（“高歌猛进”是老板在工作总结会上的表扬用词），而老板完全不知道这其中田青的成绩。田青与朋友们说起这些事时总是满肚子委屈，最常用的一个词就是“郁闷”。如果不是就业形势不乐观，田青可能已经开始寻找下家公司了。可是现在，难道只有忍耐吗？

类似田青这种情况的人有很多，尤其是在那种管理还未踏上正轨的小公司打工，大多数人都是忍气吞声或是一跳了之。很少有人去和对自己不平等的遭遇做抗争，最后遂了“大尾巴狼”上司的愿，为他们的职业经历又加了一笔“财富”，自己却又风餐露宿继续找工作之苦。

忍气吞声固然是职场中人棱角磨圆的表现，但胆气却是职业成功不可或缺的要素。放任抢你业绩的上司继续压榨后来人，或是在将来的公司你的上司又一贯抢你的业绩，你又能跳槽到何时呢？一味地忍耐意味着毫无休止地失去，意味着永无出头之日。其实最有效的办法就是不动声色地抗争，利用和老板直接对话的机会汇报自己的工作，多提对公司发展有价值的建议。这样你的业绩显而易见，也就没给那些小心眼的上司留下可乘之机。

9. 善与独断专行的上司相处

与独断专行的上司交往的秘诀就是绝对服从对方所严守的原则。

在与上司的交往中，独断专行者的语气通常是肯定的。这种人遇到事情还没有搞清楚之前，就妄加评价或妄下断言。而且，独断专行者的独断评论，并不是通过深思熟虑才得出的结论，只不过是根据特定的形态，依次加以评论。

独断专行者们的特征，就在于能够洞悉所有的事物、权力、利益的大小关系等等，他们能够遵从有权威、有势力的人物，并且还能卑躬屈膝而不觉得耻辱。与此截然相反的是，对待自己的下级——那些无权无势的人，独断专行者们往往会蔑视他们，用尽侮辱别人的办法。

不得不承认的是，在独断专行者中有很多是热爱国家、热爱集体的人。他们能够严守心目中的规矩，遵守既定的纪律，向往高尚的道德，他们最痛恨的就是没有原则、不遵守纪律的人。与之相反的是，同样有一些反权威、反法规的人，这些人也是独断专行者。

与独断专行的上司交往的秘诀就是绝对服从对方所严守的原则。假如你想说服对方的时候，应该运用权威的力量，列举具体的例子来打倒他严守的原则，这样一来，这种人往往会心甘情愿地服从你的意愿。

10. 留点空间给上司，他会有安全感

和主管相处，各人有各人的门道，各人有各人的方式、方法，但无论送礼也好，拍马屁也好，都不如在工作上留一点空间给他好。

我有个朋友曾当过几年兵，他曾说过：在我服役受训的时候，打扫营区是每天例行的工作，可奇怪的是，无论我们再怎么努力打扫，几乎连蚂蚁屎都扫掉了，等到连长来巡视时总还要说哪里不够干净，哪里还需要加强，让我纳闷不已。打扫营区如此，保养武器也是如此，连长总是能抓到我们的“毛病”。

在我当排长前，连长为我们揭晓了谜底，他说，如果连长每次都满意，士兵就会自然而然地产生懒惰的情绪；其次，没毛病也要找出毛病，是为了凸显连长的权威，以方便领导统御，不要让士兵觉得你好说话而敷衍你。

下部队当排长时，我充分活用连长的领导哲学，发现效果还真的不错。

可是，社会上做事与军中有极大的差别，军人的天职是服从，社会不一样，在这里优胜劣汰，弱肉强食。做主管的若没毛病还要找毛病，那么他自己难混，属下也会很难混，弄不好会两败俱伤。

一走入社会就当主管的人并不多，若有此机会也只是个小主管，在这个小主管上面还有各种各样的主管。和主管相处是一门学问，如果运用得

好，可以少受很多气，少走许多弯路，也有助于事业的开展。

每个人工作的目的不外乎生活的需求或体现自我价值，当主管的也不例外，你怕被“冰冻”，怕丢工作，怕被“刮胡子”，怕不受信任，主管的心情其实和你完全相同，只不过他怕的和你怕的有一些不大相同，因为他还要带领属下，而属下就是他怕的原因之一：你能力不好，他怕事情做不好他要承担后果；你能力太强，做起事来完美无瑕，他又怕管不住你，动摇了他的领导地位，更怕你抢了他的“差事”。当你的能力太强时，当主管的为了“安全”，也为了他的江山，他会不断地打击你，挑你的毛病，搁置你的计划，阻断你向上沟通的渠道，甚至恶意地挑拨你和其他同事的关系，最恶劣的还有栽赃、夺权等手法。总而言之，如果他受到他的主管的支持，那么他要找你的毛病总是有办法的。如果你根本没有取他而代之的野心，被这样子对待不是很冤枉、不值得吗？

让我们来思考那位连长的话，他没有毛病也找毛病是为了领导统御的需要，那么如果我们能让主管在领导岗位上有安全感，不就天下太平了吗？

所以要记住，留一点空间给你的主管。具体做起来就是：

（1）时时向主管“请教”。明明你懂得比他还多，你还是要尊重他的职位，和他讨论某项计划，请他给你一些“指点”。主管看了你的这种行为，当然就放心了。不过，如果“请教”了之后，你一个“指教”都没有采纳，那么会得到反效果，因此，你的计划多多少少都要有主管的一些意见——他会很在乎的。

（2）事情不要做得十全十美。别以为十全十美会得到主管的赞美，有的时候那是“祸水”。但也不能做得乱七八糟，因为这样你就要卷铺盖走路了。最好在不很重要的地方犯个小错，或留下一点缺憾，好让你的主管来“指点”一番。能找出毛病来“指点”，表示主管的能力还是高过你，那么他就放心了。

（3）不要忘记称赞你的主管。这和拍马屁不同。员工需要主管称赞，主管其实也需要属下称赞，尤其是在主管的上司也在的场合。你的称赞一是表现了你的服从，再者就是间接替你的主管做了公关，他不高兴才怪呢。

不管怎么做，切忌目中无人，尤其当你能力很强的时候；留下一点空间让你的主管立足，给他一些“帮助”、“指点”你的机会，这是相处的艺术，也是求生存的方法。

11. 不要当众辱骂你的上司

如果你年轻气盛，一不小心骂了主管，而且你也不想离职，那么赶快向主管道歉，这是唯一弥补的措施，虽然不一定有用，但不去道歉，后果是很糟糕的——那会让你无路可走，或者只有“走人”一条路。

在与上司交往的过程中，你一定要小心谨慎，即使你的上司能力、经验等方面都不如你，也不要当面指责，更不要辱骂他。

一位记者在报社工作，不久前升为主任，由于他资历比其他同仁浅，能力看起来也不是很突出，因此他的上任让一些“老人”颇为吃惊。有一次他召开会议，一位同事按捺不住，当众批评我那位同学“能力不足”、“领导无方”、“没资格当主任”。我那位同学也不是省油的灯，不动声色地听完这位同事的批评，脸不红、气不喘地站起来说：“我能力是不怎么强，既然你比我行，那这个位置让你来坐好了”。

那位同事哑口无言，匆忙离开会场。

结果那天深夜，那位同事打电话向我同学道歉，我那位同学也宽宏大量，不予计较。

也许你看到这里会替那位骂人的同事“松了一口气”，可是，真的能“松一口气”吗？

如果是那种不记前仇的君子，还好一些，只要当面道过歉，他原谅了你，你不会有什么，但忘不掉当众被辱骂的难堪的人也不少。所以，这件事有几个可能的后续发展结果：

（1）遇上真君子双方雨过天晴，不打不相识，反而成为好朋友。

（2）即使你当面道过歉，他也当面说原谅了你，但以后双方心里都有疙瘩，骂人的因为低了头，自尊心受损，终究不能释怀；被骂的人耿耿于怀，虽然对方已经道歉，但终究无法让心里舒坦，于是二人貌合神离。

（3）还有就是为未来更长久、剧烈的斗争拉开序幕。表面看起来风平浪静，但暗里却是波涛汹涌。骂人的积极为下次攻击铺路，反正已开了战，非见输赢不可；被骂的心有不甘，也处处积极布防，或是主动找机会修理对方。

一般说来，能和睦收场的不多，绝大多数都会演变成另一种形态的战争，在这种战争中，除非你真有本事，或是客观条件对你十分有利，否则当部属的大都要吃败仗，因为主管有比你充分的条件可运用，比如他就可使用下列做法，让你非吃败仗不可。

（1）将你投闲置散。不给你事做，你脸皮再厚，也不可能每天闲着没事吧。

（2）鸡蛋里挑骨头。明明满分的工作，他还是不满意，挑毛病挑到你发狂。

（3）给你不好的考绩。考核成绩不好，加薪、升官还有希望吗?

（4）挑拨你和同仁之间的感情，造成你的孤立。

（5）当众给你难堪。例如，在开会的时候批评你的能力。

总之，报复你的办法是很多的，只看他愿不愿做，而只要用上述其中一个方法，你这当人属下的就要坐立难安了。如果你想越级打小报告，除非你利益输送，否则按常理，上级还是会支持主管的，因为，他不可能因一兵，而换一将，除非他有把柄落在你手里。

退一步说，就算你把主管搞下台了，对你也不一定有什么好处，因为你的作为会使别人认为你“好斗、善斗”；除非你手上有丰富的资源可以分配，否则人人会敬你而远之，因为他们怕不小心也被你斗倒。而更严重的是，你把主管斗走了，上面的主管不见得就会升你做主管，因为他们怕和你接近，怕你把他们也斗走了，那到别的单位去好了？别做美梦了，你喜欢当众骂主管，那个单位敢要你呢？

所以，有意见要和主管沟通，最好出之以礼，心有不服也不能当众羞辱主管，你的羞辱只会让你显得不成熟，缺乏理性罢了。

12. 做老二，先不要做老大

在工作上，很多人都力争做本行业的“老大”，殊不知“高处不胜寒”。我在这里想说的是：做老二，先不要做老大。

几年前看过一篇工商人物的专访报道，受访者是一位电脑业的老板，这位老板在提到他的企业与另一家企业孰大孰小的问题时，他说他不想去跟那一家比，也不必去跟它比，他强调他采取的是“老二政策”。他说，当“老大”不容易，因为不论研发、行销、人员、设备，都要比别人强，为了怕被别的公司赶超过去，便不断地扩充、投资；换句话说就是要花很多力气来维持“老大”的地位。他认为这样太辛苦了，而且一旦出现问题，不但老大当不成，甚至连想当老二都不可能。

这只是他个人的想法，因为并不是当“老大”就一定会很辛苦，有人就当得轻松愉快，因此，当老大、老二或老三完全是观念问题。不过这位老板所说的却也是事实——当“老大”的要费很多力气来维持“老大”的地位。

不只从事企业经营如此，上班拿薪水也是一样，像主管就是该部门的“老大”，这个老大为了保住他的位子，不但要好好带领手下，还要和上级搞好关系，以免位子不保。有成绩的时候，主管当然功劳第一，但当有过失时，主管同样也是首当其冲。而当副主管的就没这么多麻烦，表面上看来他不如主管风光神气，但因为上有主管遮风避雨，可省下很多辛苦。

所以很多人宁可当副手而不愿当主管，有人当副手时没事，一当主管就生病的，可见当“老大”的难处。

说了这么多，我并没有教你别当老大的意思，我认为，如果你有当老大的本事，也有当老大的兴趣和机会，那么就去当吧。但如果你自认能力有限，个性懒散，那么就算有机会，也不要去当老大，因为当得好则好，没当好一下子变成老三老四，不但对自己是个打击，更会造成这样的批评：“某某人不行”、“某某人下台了，听说很惨”……这些批评对你都是不利的。中国人一向扶旺不扶衰，你一旦从“老大”的位子摔下来，就会有人落井下石，于是本来还可当老二的，却连要当老三老四都有问题了。经营企业也是如此，“龙头老大”的位子一旦不保，就会给人“某某公司倒了”的印象，于是兵败如山倒，想力挽狂澜恐怕没有那么容易。

所以，当“老二”的确也有其实际的地方，这也就是许多人宁当“老二”不当“老大”的原因所在。

其实当“老二”还有其他的好处：

（1）静看“老大”如何构筑、巩固、维持他的地位，他的成功与失败，都可作为你的经验和指标。

（2）可趁此机会培养自己的实力，以迎接当“老大”的机会（假如你有当“老大”的意愿的话）。

（3）因为志不在“老大”，所以就不会太急切，造成得失心太重，不会勉强自己去做力不从心的事情，反而能保全自己，也会降低失败的概率。

总之，做事或经营企业，无论从老二、老三或老五做起都没关系，就是先不要当“老大”。有一段童谣是这样说的：“老大屁股大，裤子穿不下”，所以说当“老大”麻烦真的很多。如能好好地当“老二”，当主客观条件具备，自然就会变成“老大”，这个时候的老大才是真正的老大。

13. 话说得不要太满

把话说得太满就像把杯子倒满了水，再也滴不进一滴水，再倒就溢出来了；也像把气球灌饱了气，再也灌不进一丝丝的空气，再灌就要爆炸了。

我在企业工作时曾经历过这样一件事：一天，处长把一项采购工作交给一位男同事，这件采购工作是有相当的困难，处长问他："有没有问题？"他拍着胸脯回答说："没问题，包君满意！"过了三天，没有任何动静。处长问他进度如何，他才老实说："不如想象中那么简单！"虽然处长同意他继续努力，但对他的"拍胸脯"已有些反感。

这是把话说得太满而对自己造成窘迫的例子。当然，也有人话说得很满，而且也做得到。不过凡事总有意外，使得事情产生变化，而这些意外并不是人能预料的，话不要说得太满，就是为了容纳这个"意外"。杯子留有空间就不会因加进其他液体而溢出来，气球留有空间便不会因再灌一些空气而爆炸，人说话留有空间，便不会因为"意外"的出现而下不了台，可从容转身。所以很多政府官员在面对记者的询问时，都偏爱用这些字眼，诸如："可能、尽量、或许、研究、考虑、评估、征询各方意见……"这些都不是肯定的字眼，他们之所以如此，就是为了留一点空间好容纳"意外"，否则一下子把事情说准了，结果事与愿违，那不是很难堪吗？有一位朋友和同事闹不愉快，他向同事说："从今天起，我们断绝所有关系，彼此毫无瓜葛……”说完话还不到二个月，他的同事成为他的上司，我的朋友因讲过重话，只好辞职他就。当然，一个有责任心的政府官员是不会把话说得太满的，但做人做事有时实在是不得不如此。

以下的状况是你在说话时应该注意的。

做事方面：①对别人的请托可以答应接受，但不要“保证”，应代以“我尽量，我试试看”的字眼。②上级交办的事当然接受，但不要说“保证没问题”，应代以“应该没问题，我全力以赴”之类的字眼。

这是为了万一自己做不到所留的后路，而这样子说事实上也无损你的诚意，反而更显出你的审慎，别人会因此更信赖你，事没做好，也不会责怪你。

做人方面：①与人交恶，不要口出恶言，更不要说出“势不两立”之类的话，除非有“杀父夺妻”之仇。不管谁对谁错，最好是闭口不言，以便他日需要携手合作时还有“面子”。②对人不要太早下评断，像“这个人完蛋了”、“这个人一辈子没出息”之类属于“盖棺论定”的话最好不要说，人一辈子很长，变化很多的。也不要一下子评断“这个人前途无量”或“这个人能力高强”；总之，应多用“是……不过……如果”之类的话语。

当然，状况并不只我说的这几个。固然，把话说满有时也有实际上的需要，但我认为，除非必要，还是保留一点空间的好，既不得罪人，也不会把自己陷入困境。总之，学学政府官员，多用中性的、不确定的词句就对了。

第二章
与下属的驾驭账：做一个卓然自立的领导者

管理魅力已经成为现代领导理论与实践中的一个重要范畴，树立领导的权威形象能够使管理的影响力达到某种非凡的境界。作为领导，必须能够看透员工的内心，看清其真实意图。对于那些难缠、惑众的下属，要下“狠”功夫予以批评。

1. 别卷入下属派系之争的漩涡

领导就是站在各种“人际圈儿”之外，秉公执事，协调关系的那个人。如果领导的重心不稳，就会卷入一片纷繁难缠的人事中。

人际交往都有亲疏远近，每个人都愿意和志趣相投、性格相近利益相关的人交往，这类人凑在一起就形成了“人际圈儿”。“人际圈儿”这一字眼，并非标新立异，危言耸听。任何单位、任何部门的领导者，事实上每时每刻都在面临着怎样巧妙处理与各种“人际圈儿”之间的关系问题。既然这个问题存在，我们就不应该回避它，而应该认真地研究妥善处理的方法和艺术。

领导人在处理这一问题时，必须首先承认以下客观事实：

（1）各种“人际圈儿”的产生，既然并非一朝一夕，那它的消失，也绝不是短期内就能办到的事。

（2）各种“人际圈儿”既然在复杂的环境中生存下来，就必有其存在价值。

（3）每一种“人际圈儿”，都能在组织管理活动中，发挥其特有的作用。

（4）每一种“人际圈儿”，都能对其他“人际圈儿”，甚至对领导者自身，产生微妙的影响和牵制作用。

（5）每一种“人际圈儿”，都有若干起核心作用的代表人物。这些代表人物，有的可能抛头露面，有的也可能“谦虚”地躲在人群里。

（6）各种“人际圈儿”之间，既相容，又排他；既对立，又统一；既协调合作，又分道扬镳，往往呈现出复杂的排列组合格局。

（7）某一种“人际圈儿”的壮大，就意味着必有另一种或若干种“人际圈儿”的削弱，这种发展趋势达到一定程度，原有的平衡关系就会被打破，随之产生另一种新的平衡关系。

（8）任何“人际圈儿”都不能永远正确，如同任何人都不会一贯正确一样。

领导者要妥善地处理好同各种“人际圈儿”之间的关系，就必须对各种“人际圈儿”存在的理由和作用做到心中有数，了如指掌。然后，根据组织管理活动的需要，区别对待，用其所长，灵活巧妙地运用每一种“人际圈儿”，让他们充分发挥自己的特殊作用。

领导人应该始终居于支配全局的有利地位，高瞻远瞩，居高临下，对各种“人际圈儿”起到领导、协调、引导、监督、制约的作用。为了做到这一点，就必须遵循“不偏不倚，一视同仁”的原则，使各种“人际圈儿”都感到你没有倾向性，是他们可以信赖的领导者。

倘若领导一屁股坐在某一种“人际圈儿”的板凳上，那么他立即会招致以下一系列意想不到的恶果：

（1）使自己由各种“人际圈儿”的合法领袖，沦变为某种“人际圈儿”的袒护者。

（2）无法再对各种“人际圈儿”发挥协调平衡作用，只能对某种“人际圈儿”发挥有限的影响作用，况且自己的所作所为，还将受到这种“人际圈儿”的强大影响和制约。

（3）人为地在自己面前树立众多的对立面。

（4）激化各种“人际圈儿”之间的矛盾，严重破坏整个管理机器的正常运转。

（5）最终动摇自己的领导地位，导致另一位能为各种“人际圈儿”所接受的新领导者来取代自己。

由此可见，站在各种“人际圈儿”之外，不偏不倚，秉公处事，是各类领导人实行有效管理的一条重要原则。能做到这一点，就等于解决了许多难缠的人和事。

2. 用事实封住牢骚者之口

下属发牢骚抱怨时，总有他们的原因，身为上司，当你受到下属的抱怨时，处理得当可以防止事态发展成更大的人际冲突，遏制难缠行为。如果你想很好地处理抱怨，最有效的办法就是让对方在事实面前自己闭嘴。

要下属不发牢骚是不可能的，通常的情况是下属发牢骚领导听不见。作为领导若听到下属发牢骚，首先要问他们为什么会发牢骚。

一是调查清楚他发牢骚的原因，如果是因为他有能力和才干却得不到发挥，相反还受到小人的排挤；或者岗位不适当，则要给予他更合理的职务，以发挥其才能，平息他的牢骚。

譬如，莱温斯是一家大公司的一个小班长，手下管着十来号人马，虽然他每次都能把上级交代的工作完成得很好，班组也管理得井井有条，但上级并不太喜欢他，甚至有点烦他，可又对他无可奈何，因为在工作上他做得实在很优秀。为什么会这样呢？经过调查得知，原来是每次上级部门给他这个班布置生产任务时，他总会抱怨："我每个月就拿这么一点点薪水，凭什么要交给我这么多任务。"

后来，这事被分公司的总经理知道了，在他派人对莱温斯的工作做出详细考察后，不仅没有批评他，反而提升他为他所在部门的副经理。果然，他上任不久，就把这个原本效益不好的部门管理得有条不紊，利润也增加许多；并且他对于上级交给的任务也不再有抱怨了。

我们不妨回过头再设想一下这个故事的另一种结局。假如分公司的经理不是给莱温斯更多的责任和更高的职务，而是对他的抱怨不予理睬甚至以开除或降级的话，则公司失去的不只是一个有才能的莱温斯，而是一大批了解他的人，因为莱温斯的抱怨是建立在自己的才华得不到重用的基础上的，抱怨只是他不满的一个信号，而并非他的缺点或本意。你只要重视了他，给他安排了合理的职务，他的抱怨自然就会偃旗息鼓。

第二种情况可能是，下属在性格上本来就是一个爱抱怨、爱发牢骚的人，如此，领导就应借机会教育和警示他们，使他们改正。

有些下属整天抱怨工资太低、领导看不起他，别人升迁了为什么自己就没有，而对于自己的本职工作又不能完成得很好。对于这样的下属，领导者可大声地训诫他："你什么时候把自己的本职工作做好了再来找我。"或者，还可以采用一种更巧妙的方式：去另找一个有水平和办事能力强并且任劳任怨的人，然后把同样的任务分别交给这个人和那个发牢骚者去做。

完成之后，再把他们的结果放到一起，让大家来比较孰好孰坏，也就让那个抱怨者心中清楚，别人升迁是因为别人能力比自己强的缘故，而不是靠什么私人关系。

这儿有一个例子就说明得更加清楚。古时候，有一个生意人想买一批番薯，于是就派他的两个学徒去市场了解一下行情。学徒A去了一会儿就返回了，他一面埋怨今天天气太热，累得自己跑出一身的汗，一面向老板报告今天市场上番薯的价格，之后便骂骂咧咧地去冲凉水澡了。

学徒A冲完凉水澡坐到店面，学徒B正汗流浃背地返回到店里，他不仅向老板汇报了今天市场上番薯的价格，还把了解到的昨天和前天的番薯价格一并告诉了老板，并向老板参考说今天的价格是最低的，恐怕到明天就又会涨价反弹。老板觉得学徒B分析得有道理，于是又叫他去市场上找一个卖主来店里谈判。这时，学徒B却一指门外说：我考虑到老板你有可能要买，所以我已叫了一个卖主在外面等候了。老板到外面一看，觉得质量不错，价钱也确实比前几天低廉，于是很快地就那个人的番薯给订了。

这个例子告诉我们什么呢？喻义很简单，就是如果你是一个领导，假设也有部下A成天发牢骚，指责领导为什么只升迁部下B而不晋升他，你就把同样的一件事交给他们两个去做，让事实来说话，让事实来堵住部下A的牢骚之口。

3. 不要被投机取巧的谄媚者所蒙骗

做生意有时要投机，做人却要杜绝投机取巧。

投机型的人善于察言观色，脸皮很厚，把自己作为商品，谋求在“人才市场”上讨个好价钱。这种人即使在工作上也好讨价还价，往往对目前雇佣他们的公司也施加压力，以使该公司的领导给他们以晋升或增加工资的机会；或者他们在工作上不安分，但却热衷于往上司那儿跑，为的是和上司套近乎，不是凭工作成绩得到上司的重用和提拔，而是想通过和上司交好私人关系去得到好处。

投机取巧的人一般嘴甜、心细、脸皮厚，他即使是做错了事，也往往会把责任转嫁和推卸到其他人身上去；而一旦有了功劳，他又会极力地吹嘘自己的贡献和成绩，生怕上司不知道。还有，上司在场和不在场，他们表现也完全不一样，上司在的时候，他肯定是最勤劳的一个，连脸上的汗水他也不会去擦，目的就是想给上司一个好印象；上司一旦离开，他保准把刚才还做得热火朝天的工作往桌上一丢，呆在一旁休息了。

领导者光凭自己的眼睛是很难发现的，因为这些人很会伪装自己，只有多听取其他下属的反映，才能揭开这种人的庐山真面目。

对于这种人，无疑是不能重用的，他如果在哪个单位任职，哪个单位就会被他搞得乌烟瘴气一团糟。因此，领导者一旦发现下属中的某一位是个投机取巧之人，你要毫不客气地把他撤换掉。

4. 驾驭好带刺的千里马

俗话说："千军易得，一将难求。"对于企业发展来说，能得一千里马当然好，但驾驭千里马可不是那么容易的。千里马往往仗着自己才高，就目空一切，恃才傲物，他们谁都看不起，包括自己的上司，这种情况下，领导者必须掌握下属个性并运用技巧与之和谐相处。

作为领导，如果你碰到一种这样的下属，他们足智多谋，很有能力和魅力，同时又锋芒毕露，雄心勃勃，是个难对付的"刺头"。这种部下常常提出与你相反的意见，而往往又确实能显示出他们的意见的高明。这使很多领导人对他们左右为难；用他们吧，又难以驾驭，搞不好弄得自己威信扫地，被他们取而代之。不用他们吧，人才难得，很难找人替代他们，不用可惜。

在实际工作中，有这样一些上司抱着"宁要奴才，不要人才"的想法，对这种有能力的"刺头"往往倍加压制，把他们放在不显眼的位置上，不让其显露头角，以便磨掉他们的锋芒，让他们乖乖听话。其实这种领导是最愚蠢的，因为表面上他们的权位不受威胁，威信得以维持，但是作为代价的是人才外流，众叛亲离，企业半死不活。领导是企业的代表，企业没有前途，企业领导的前途又何在？维护个人名望而不顾企业发展，可谓本末倒置。

有个成语叫"水涨船高"。一个企业家如果能够领悟其中奥妙，那么他不但不会害怕能力强的部下，而且还能够驾驭他们。敢于使用强者，不是证明自己更强吗？

中国古代民间流传的英雄，如刘邦、刘备、宋江等，比起他们周围的下属来说，显得很无能，可是他们却成功地驾驭了那些比他们强得多的人才，而他们的“英雄桂冠”又恰恰是借下属的英雄业绩得来的。请问，若没有一百零八将，宋江凭什么威震山东？若没有诸葛亮及关、张等人，刘备又何以独霸一方？部下是水，领导是船。部下能干则企业兴旺，企业兴旺则企业家光荣，即使不说“领导有方”，至少也可以说“用人得当”，这不是顺理成章之事吗？

但水能载舟，亦能覆舟。这种带“刺”的人才确实比较难用，但绝对不能说不能用，问题看你采取怎样的用法。你可以像张士贵用薛仁贵那样，既要用又要压，出力是你的，功劳是我的；一旦打了败仗，原因虽在我，责任由你担。但这种做法可能要翻船，同时人才也不会再为你出力。与其这样，倒不如放手使用，充分信任，为他们提供施展才华的机会，赋予他们权力，失败了由自己承担责任，成功了功劳归于他们。俗话说：“士为知己者死。”一个企业领导若能做到这样，那些能力强的部下不但不会“压主”，反而会心甘情愿地接受其领导。实际上，当下属的才能充分发挥出来时，不但不会降低领导者的威望，反而会提高其威望。“大海低方能纳千谷之流”，对于能力比自己强的人，你忍让一点，尊重他们，反而能令其心服口服，同时也可以吸引更多的人才前来投奔，最终是人才济济，事业发达，至于个人名望，当然也就随之得到提高。

5. 警惕只会溜须拍马的下属

对待专门溜须拍马奉承上司而毫无工作能力的人，方法最简单，降他的职或请他走人就是了。

公司里有这么一类人，专会逢迎上司，而且还具有相当高的技巧，不显山不露水，让你浑然不觉中上了他的当。

的确，有不少上司谁对他毕恭毕敬、阿谀奉承，他就对谁恩宠有加，大加赞赏和关爱。无疑，这种上司更助长了阿谀奉承之风的盛行。明智的上司则不会这样做，他会十分鄙视和厌恶拍马奉承的下属。

小孙就是个善于逢迎的人，每次见了领导就像李莲英见了慈禧太后，为了奉承领导，他不惜颠倒黑白。幸运的是，他的领导是个没能力的人，因此小孙也得了不少好处。可好景不长，新领导来后的第二周就把他给下调了。新领导说，留这样的人在身边是个大麻烦。

作为上司，首先应当保持清醒的头脑。哪些是实事求是的评价之辞，哪些又是阿谀奉承之辞；在阿谀奉承之中，哪些人是出于真心而稍稍过分地赞美几句，哪些人又是企图通过奉承上司而达到自己的某种企图；哪些奉承之辞中含有可吸取的内容，哪些奉承话都是凭空捏造、子虚乌有等等，诸如此类。对于这些绝对不能糊涂。

对待专门溜须拍马奉承上司而毫无工作能力的人，方法最简单，请他走人就是了。

6. 用好“降级刺激”法

对于那些有能力做好工作，却不愿去做的员工，应该给他们一点“刺激”。让他们在挫折中重新扬起斗志，为企业添加新活力。

一些企业的经营者及管理者几乎一致认为，目前年轻一辈的员工多半丧失了雄心和斗志。换句话说就是员工虽然有能力做好工作，却不愿去做。

其实，就人类的心理而言，每个人都希望追求自己的安定感，不愿让自己的前途每况愈下。所以身为上司者正可利用人们的此种心理，对他们采取一些强硬的“管治”手段，那就是对他们予以降级。

当然，一般人被降级，心理上必会产生强烈的不满和屈辱之感。然而，此种不满同时也能唤醒沉睡中的向上心，亦即形成所谓的“心理补偿作用”，此种作用大多能成为奋发向上的动力。换句话说，如果让下属从事低于自己能力的工作，对方便会殷切地希望恢复自己原本能力所及的工作。如此一来，向上之心油然而生。而在恢复原本职位、工作的同时，还能形成积极学习的态度。

我们先将此种心理运用在体育运动方面。例如贬低选手，便可发现效果。以职业棒球而言，对于球队获胜起重大作用的球员，也许在一开始的重要比赛中成绩并不理想。此时，教练可予以严厉斥责：“以后尽管投直线球吧！”而让他不断练习投下场线球，甚至派他去练习打击。由于他所投出的是直线球，所以一再被对方击出好球，这对投球者而言，实在是莫大的耻辱。因为被贬，而使他尝到屈辱的滋味，此时反而使他燃起不甘认输的斗志，最终能发愤图强，成为一流的明星球员。

这种情形就像一个自认为无法跳过一道渠沟的人，若能够退后几步，再冲刺向前跨越，便能够跳过去，心理学上称此为“助跑效果”。利用下属这种心理来引发他们对学习的兴趣，可说正是身为上司者责无旁贷的事。

7. 不要轻信长舌下属的小报告

所谓“长舌”之人就是靠伸长舌头生存的人，这类人最大的特点就是喜欢到上司处告密。作为领导，千万要小心以免上当，要以事实为依据，进行实地考察。

“长舌”下属，往往自己并没有真才实学，也没什么能力和本领，但他们深信要在公司里生存，必须有一套求生策略。由于办公室里人事复杂，大家明争暗斗，一不小心，就会遭人暗算。而领导则安全多了，因此长舌下属就设法使领导作自己的“后台”，为自己撑腰，而他们得以接近领导的秘诀就在于“长舌”。

“长舌者”看准了上司需要人在公司内充当他的耳目，把办公室里的小道消息或情报传达给他，让他更了解公司内部人事的实际情况。于是他便选择了这条途径，来取得上司的信任。

这类下属一般的特性是喜欢四处刺探同事之间的秘密，连一句闲言碎语也不放过，因为这便是他向上司汇报的材料。

他们这样做的最大目的是要在上司心目中建立起忠心耿耿的形象，说他们甘当上司的鹰犬也不为过。

这类下属的行为接近古时迷惑君王的佞臣，他们为了获得上司的信任便不择手段，宁失信于同事亦在所不惜。为了向上司表示自己无时无刻不耳听八方，尽忠职守，长舌型下属有时不惜兴风作浪，故意制造新闻，无事生非，向上司交差。

有一位经理在自己的下属中看中了一个能干的部门主任，相信他是个人才，准备加以培养和提拔。这个风头一露出来，本来人缘甚好的部门主任立即遭难，各种各样的流言就接踵而至。

传言说这个部门主任和其女助手之间有暧昧关系，说他与女助手下班不归，不知两人在做什么，正巧部门主任妻子找到办公室里来大闹一场，经理一看，如果他们不是做了见不得人的事，妻子怎么会大吵大闹？

经理动摇了。他相信无风不起浪，既然有这么多人说部门主任坏话，他多少在这方面有点问题吧，于是便把提拔他的计划取消了（显然这是一家国有企业，行政管理完全按照政府的那一套，如今的私企或外企，只要不影响业务，领导绝不过问下属的隐私）。

时间过了很多年，经理已经退休。某天与部门主任偶然相遇，闲聊起彼此的情况，得知部门主任的老伴已经因病过世，而那位小姐仍孑然一身。经理反正已经退休，说话也就随便些，便问："你们为什么不结婚？"

部门主任苦笑道："我们哪有半点私情。那天我血压高，因为任务紧急，硬撑着来上班。当天做不完，只好加班，我妻子脾气躁，便吵上门来，说我不要命了。谁知后来竟传出一段绯闻，说我搞外遇了。"

经理闻言大为难堪，良久，才感慨地说："你老弟是真君子，我却轻信小人的谣言了。"一段不该有的绯闻，对于公司来说，失去了一个理想的人才，而对于部门主任来说，却永远失掉了一次决定他命运的机会。这个教训是深刻的，也说明了绯闻对公司或个人的危害性。作为公司中一个众矢之的的人物，预防绯闻应该是领导工作中一个不可忽视的内容。

即使长舌型下属能充分博取上司的欢心和信任，若上司是一名精明能干的人，他断不会考虑提拔长舌型下属成为自己的接班人。因为这类长舌型下属在办事能力方面肯定不会太突出，所以才走捷径，做探子，博取上司的青睐。如果主管贸然地把长舌型下属升上自己的位置，除了引起公司内职员的反感外，也显示出这名上司的天真无能。

正常人格意味着人的自尊、自强及自我认知；而长舌下属则不然，他们常常丧失自我，平常表现为情感空虚。他们平日里无所事事，爱打听别人的隐私，传播隐私，甚至捏造事端，唯恐天下不乱。这些人对企业的凝聚力是一个巨大威胁，他们是企业内部的离心力量，如不加以制止，将耗尽集体的最后一滴智慧。

这类人常有以下几种表现：

（1）“造谣”。制造没有事实根据的传闻和捏造的消息。传播的“信息”，一经出门，概不认账。其目的在于蛊惑人心，制造事端，鱼目混珠，破坏捣乱。

（2）搞“客里空”。“客里空”是原苏联卫国战争时期剧本《前线》中一个捕风捉影、捏造事实的新闻记者的名字，后被人们借用泛指新闻报道中背离事实、虚构浮夸的资产阶级报道作风。

（3）做“话篓子”。这是北京人的土话。这种人多是无所事事，游手好闲的人，他们以评头品足恶语中伤为能事。街头出现一件新鲜事，他们恨不得添油加醋地评论三个月。造谣滋事成为他们精神生活的一部分。

（4）传“活电报”。电报的特点是快。而“活”字则是传谣者的特点。惟“活”才能有声色，惟“活”才能蒙蔽人。“活”就是含有大量水分，能伸能缩。不少人就在这一传二传中大做文章，于是“三人成虎”，指蚁为象。

（5）造“传声筒”。传声筒的优点是如实转达，但是缺陷在于不假思索和分析。表现最突出的两个方面是道听途说和以讹传讹。道听途说，本身缺乏完整性和可信性；以讹传讹，往往危言耸听，害人匪浅。

（6）吹“耳边风”。这类人传播谣言是在暗中或者私下进行的，他们对于小道消息特别感兴趣，听了马上就传。或误听误传以媚上取宠；或利用他人的猜测心理搬弄是非；或是干脆借以诬陷他人，恶语诽谤。值得注意的是，信谣者对这类人的消息往往格外重视。

对于这类难缠的下属，除根据上述六种表现来判断外，还可以先作几次试验，告诉他几个小秘密，看他是否泄露出去。通过这么做，可以知道对方是否能守密。此外，若发觉你透露给他的东西，远多于他透露给你的，你就要特别留意了。观察对方对人的态度，如果这个人无论是对谁，都表现出过度的热情与关怀，大多是靠不住的，体味下属的微笑是否真诚，如果一个人只是皮笑肉不笑，他一定怀有什么目的。

8. 近亲繁殖弊大于利

“近亲繁殖”最大的弊端是将严格的企业管理套上温柔的家庭关系的色彩，人为地将事物复杂化，使管理者畏首畏尾，投鼠忌器。

有这样一篇著名的中篇小说，写的是香港某大资本家回大陆投资，家乡县政府请他回家乡办厂，造福桑梓，被他婉拒。他在省城办了家企业，委托了一位经理负责。大陆亲友们纷纷要到企业就职，全被经理拒绝了，亲友们纷纷告状，资本家答曰，这是他定的规矩，一概不聘亲友，与经理无干。家乡、乡亲们有困难，他可以捐款，但此规矩不能破。小说是虚构的，道理却是实实在在的：生意场上最好少和亲戚朋友们打交道。

由于体制、管理上的弊端，如职工子女顶替、内招，或为职工解决困难（常见的有职工亲属所在单位效益不好，要求调本企业，知青返城接收等），目前企业“近亲繁殖”现象十分普遍，姑姨娘舅共在一个单位，兄弟姐妹同在一个车间、处室的事并不少见，甚至父子、夫妻同在一个车间、处室。与我国企业这种情况相反，国外从20世纪60年代以后，传统的以家族关系控制的大公司都陆续打开大门从社会上广揽人才，董事长的儿子、经理的亲戚没本事也难在公司谋一职位。资本家精明得很，亲儿子不争气也不用，只用能赚钱的人。

生物界的近亲繁殖导致物种退化，企业的“近亲繁殖”也会导致管理的“退化”，因为批评丈人要考虑妻子的积极性，顾及岳父大人的形象，表扬儿子要防止老子跟着骄傲，处理问题不能不慎重考虑，毕竟他们有血缘关系。如丈夫是厂长，妻子是普通职工，妻子迟到了，车间主任处理时很为难，扣奖金怕得罪厂长，当然厂长表面不说什么，谁知心里怎么想呢？不扣吧，大伙儿都看着，这规定以后就没法执行了。企业中官员的亲属违纪不受追究的事司空见惯，关键就是他有后台。如果众多亲友串通一气，形成帮派，左右全厂舆论，兴风作浪，控制某一部门，互相包庇，违法乱纪，那就更不好管理了。

还有，如果亲属之间处于监督与被监督的地位，如质检员与操作工、纪检干事与被审查干部，事情很难处理圆满。不是说这些同志必然人情大于王法，而是说即便他们大公无私，秉公办事，也会给人们留下“朝中有人执法不严”的印象，削弱了企业管理的权威性。所以这种以家族关系维持的小生产式的管理作法必须摒弃。

企业走向市场，企业人才也要走向市场，由市场调节，缺人才可到广阔的人才市场招聘，人员素质肯定比内招好。解决职工困难的办法很多，尽量不搞“近亲繁殖”。企业的人事部长要坚持一个原则：凡公司职工家属一律不招不调，不管是厂长的小姨子，还是看门老头的儿子。

9. 莫轻易许诺员工

不少领导喜欢顺口答应下属事情，而事实上却无法做到。如此之举是很不明智的，这样很容易在下属心中留下一个“不守信用”的印象。

不少管理者所做的最糟糕的一件事就是轻易许诺员工，可他们却又偏偏实现不了他们的诺言，在听觉和视觉上满足了员工的希望之后，又留给了人们漫长的等待与终无音讯可循的结局。这样，无疑会使他们的权威逐渐地丧失。

某公司的一个年轻主管，在一次会议上对其下属许诺：我一定要努力将本单位的人事工作做好。结果此语一出，大快人心，许多人对于现在的职位不满，因此盼人事调整心切。自从主管许诺之后，不少下属见了他总有意无意地提及这件事，起初他总胡乱应付，“估计过一段时间公司就会解决的。”这以后问的人越来越多，他也感到心力交瘁，实在坐不住了，甚至心里老是不安，这个工作若不尽快做好，别的工作就没法做。他确实为此很努力，每一次出差到总公司，他都向主任或人事科长如此说：

“我那边的A职员已调出去四年了，是不是考虑把他调回来。”

“B职员八年都在一个部门工作，一步也不曾离开，工作表现也好，是否要把它晋升一级。”

“C这个人很明显的不适合做研究工作，假如不把他调到别的部门，无论对周围或其本人都是一个很大的负担。”

可是每一次他提出这样问题的时候，人事主任几乎都是用同一句话来回敬他："是这样吗？这是我们工作的失职，你放心，我一定好好考虑这件事，你回去安心等信吧！"他一而再，再而三地追问，也没有得到一个明确的答复。一年、两年眼看将要过去了，而他对于人事调整所做到的，只是一些申请而已。他冒险越权把这件事偷偷报告了总经理，没想到总经理说："原来是这样，我晓得了，我会好好安排的，我会让人事主任来解决好此事的。"

好不容易又熬了三个月，才终于有了人事调动的方案批下来，不过只有一名而已。至此，下属对于主管的不信任感已愈加强烈了，有些下属已经报告上级，以"不好好工作"为由在拆他的台了。实际上，主管为这件事已经做出了很大努力，但因为没有取得什么成效，所以下属就在其背后批评他：

"主管给我们许诺，只是为获得我们的欢心而已！说要调整我们的职位，到现在仍没谱。"

"哎，我早就说了，在这种人手下工作没有什么意思。我的辞职报告早交上去了等着批呢！"

我们不禁会同情这个主管。他所犯的错误就是他不该轻易许诺下属，一场辛苦反成怨，由于其工作没有搞出成绩，下属又对其意见多多，而他最终被撤职了。实际工作中这样的领导并不少，当他们听到下属的请求时，往往认为事情颇易实现，从而一口答应，而忘了详加考虑各种情况，事后若情况变化或是估计错误，发生了执行上的错误，就会失信于下属。

对于这种情况，还有一个解决的办法就是道歉，在困难重重下，你可以勇敢地告诉你的下属："对不起，是我估计错误，我实在很想帮助大家，只是能力有限，情况不允许，希望大家谅解。"如此这般解释，下属会体谅你的苦衷，可是大多数领导都不愿意认错，等失信于人时，下属会越加轻视他，背叛也是理所当然的事。无信患作，失援必毙。

10. 不要越下属的权

人的精力和时间是有限的，越权多了，自然就减少了做本职工作的精力、时间，不利于本职工作的开展，“丢了西瓜，捡了芝麻”。

在任何一个团体中，总是有某一个人充当着核心的角色，他的言行能够被团体认可，并指引着团体的某些决策和行动。我们把这种人所具备的人格魅力称为“领袖气质”。作为一个领导，应该清楚自己的工作范围，该管的必须亲自动手，不该管的就要“熟视无睹”，千万不要事必躬亲，产生越权行为。

1937年日本鬼子侵略上海时，中国军队最高统帅部经常越过军、师、团，直接指挥营、连单位调防部署，闹得有时军指、师指都不知整个连队上哪儿去了，造成指挥系统紊乱，影响了战事。在不少文学作品里也有这样的描写，新厂长上任后，发现管理混乱，纪律松弛，就亲自抓，看见迟到的罚款，逮着干私活的罚款，于是全厂风气大变。这几乎成了文学作品描写改革厂长的模式。其实，现实中如果真这么干，厂子绝对不会改变面貌，只能越搞越乱。

现代管理是有层次的，每一层次职责清晰。决策层负责企业经营战略计划，管理层负责计划管理、组织生产，执行层负责具体执行操作。像厂长只管各车间主任、职能科室负责人，如果看见工人迟到训斥一顿，看见服务员态度不好批评一顿，这就是越权处理、指挥。迟到是车间主任的管理范围，态度不好是服务办公室的管理范围，厂长的任务是制订企业战略经营决策。管得太多太宽，不仅不会使事情朝着你希望的方向发展，相反，恰恰打乱了正常的管理秩序。对员工来说，每位员工只服从一个上级，执行一个决策，如果多头指挥，既听厂长的，又听主任的，这些指令可能互相矛盾，前后不一，员工必然无所适从。

另外一个害处就是不利于调动下属的积极性，上级包办一切，什么都不放心，什么都管到最下层，从车间生产计划到窗户擦得干净不干净，你全管。这不利于创造性地开展工作，因为部下知道，你已经按自己的意愿设计好了一切，他有再新再好的创意也白搭。

但是不要误会，发现管理的漏洞、员工的失误，是不是不可以管呢？当然不是，问题是你管的对象要合适，管理的方法要对头。如上述例子，发现某车间工人经常迟到，就要批评车间主任或企管科长，甚至追究他们的责任，为什么他们没有采取得力措施刹住迟到风，而不是在厂门口大声训斥员工，因为你的管理对象不是员工而是车间主任。

如果在紧急情况或特殊情况下，越权指挥作为临时应急措施也未尝不可，但事后要马上向直接下级通报情况。

在中国好多企业里都存在越权现象，经分析综合，主要有以下几种现象：

（1）替下属作决定。

管理人员的主要职能之一就是决策。企业的基层、中层、高层等不同层次的管理人员应根据自己的职责权限，做出自己职责范围内的有关决策。基层决策主要解决作业任务中的问题，包括经常性的工作安排，如每日的任务安排、人员调配、设备使用等，还包括解决生产过程中出现的非正常的事件，如设备发生故障，原材料、设备供应不上等。中层决策主要是安排一定时期的任务，或解决生产、工作中的某些问题，如人员出勤率不高，原材料不足，某项费用超支等。高层决策要解决的是关系全局性的以及与外界有密切联系的重大问题，如生产项目、产品结构、发展战略、职位培训、选人、用人等等。

各层次的管理人员，应该只着重处理本层次的生产经营和工作中的问题，如果决定其他决策层次的问题，就是“越权”。如果企业中层领导去决定作业班次的投入产出，决定机器设备如何维修等具体事宜，就是对下属的“越权”，如果决定对联营、合资经营等重大问题的处理，就是对上级的“越权”。

在正、副职领导之间，常常发生“越权”现象。正职管理人员对全面工作负责，副职管理人员负责某一方面的工作。在实际工作中，正职领导往往抛开他的副手，做出一些本应由副手做出的决定，而副手也常常有应该请示正职领导而不请示，擅自决定问题的现象。

（2）不该管的事情，插手管理。

管理人员只应管领导的事，而不少领导人天生就喜欢管事，对下属，甚至对下属的下属的工作，这也看不惯，那也不满意，这也不行，那也不对，在这里挑剔一番，在那里指责一气。在这样的领导人眼里，别人干什么都不行，唯有自己才是最有事业心、责任感的。这样的管理人员总是企图把别人熔化掉倒进自己的模子里，重新浇铸得跟自己一模一样，群众称之为“爱管闲事的领导”。他管的倒不一定是“闲事”，只是他具有高度责任感，什么都要求至善至美，完美无缺。于是什么都去管，不管什么“越权”不“越权”，大家的事大家办，只要不出漏洞，事业不受损失就行。这是好心的“越权”者，事务主义领导人。

（3）不该执行的任务，越俎代庖。

管理人员叫苦不迭的就是“忙”。正当的忙是应该的，但是对有些管理人员来说，有很大一部分忙是由于有许多工作不是管理人员必须做的，而应该由职能部门去做。结果领导人越俎代庖，事必躬亲，不分巨细地去做属于具体管理部门的那些日常工作，陷入繁琐的事务堆中而不能摆脱。这样的忙既是“越权”，又是失职。包揽下面的工作是“越权”，忙于具体管理而忘记了管理人员的主要职责便是失职。如果只忙于具体事务，做自己职责范围外的事情，那么势必削弱了抓大事、抓战略、用人、决策等工作。

总之，领导不干领导的事，不坚持分层领导的原则，不是一级抓一级，一级管一级，一级带一级，而是越级处理问题；就是“越权”的表现。经理人员必须能让部属充分发挥自我才能，独立作业以担负分内完全的职责；也必须将企业组织内每一个人视为追求共同的一分子。

当然，分层领导的层次划分要因部门单位性质、规模等的不同而定，不一定都依照基层、中层、高层这样的层次去划分。如比较大的部门或企业，可分为战略规划层、战术计划层、运行管理层。一般企业可分为经营层（最高领导）、管理层（各职能部门）、执行层（车间）、操作层（作业班组）。分层领导的原则，在任何情况下都不是绝对的。如高层管理人员有时直接深入到基层听取情况，树立典型，解剖麻雀，解决有代表性的问题，这对于推动企业全局工作是十分必要的。

由于单位的规模、财力、物力、人力和工作内容、性质的差异，各层领导职权范围划分是不同的。这个单位的中层管理人员的权力可能比那个单位的高层管理者的权力还大。不同单位有不同的大事，这个单位的大事，在那个单位可能是小事一桩。所以只有按本单位领导的职权划分逐级办事，才不会“越权”。

11. 奖励一个，带动一群

领导称赞下属，从很大意义上讲是手段而不是目的。当着大家的面称赞下属一是为了鼓励被称赞的下属，让他意识到领导对他的肯定和赞赏；二是为了给其他人树立榜样，鞭策其他人努力工作，干出成绩。当众称赞某一位下属无疑是驾驭和控制下属的有效方法。

但是，如果当众称赞某一位下属的成绩和优点不恰当，就可能引起其他人的不满或嫉妒，不仅对被称赞的下属造成坏的影响，还会损害领导的威信和形象，激化单位的内部矛盾。所以当众称赞一位下属必须慎重。

（1）领导当众称赞某一个人，必须首先考虑控制住其他人的嫉妒心理。

秦始皇就吃过这方面的亏。秦始皇早就听说韩非有旷世之才，很想得到他，成为自己成就大业的辅佐。终于一天机会来了。韩王派韩非为特使到秦国，实际上是做了秦国的俘虏。韩非来到秦国，受到秦始皇的高度礼遇。秦始皇赞韩非道："公子真知灼见，旷世未有。"韩非口吃，支吾道："陛下……非欲……诚……笃……自……见……。"说了半天才吐出了一句话，脸胀得通红，就沉默不语了。秦始皇很觉遗憾，于是他又问李斯、姚贾等，说："韩非才深学博，朕览其书，知其人泱泱风范，深明举国之理、治民之法。朕赏其才，不知卿等意为如何？”李斯、姚贾见秦王如此赞赏韩非，心里嫉妒得要死，恐怕秦始皇起用韩非，恨不能找个坑把韩非活埋了，于是群起攻击韩非，结果秦始皇的计划没有实现。

控制好下属的嫉妒心理并不是说完全杜绝嫉妒心理的产生，其实，当众称赞一位下属让其他人产生一点嫉妒和羡慕是正常的，关键在于领导能切实把握好、引导好，把这种嫉妒和羡慕心理朝着有利于工作和团结的方向引导。秦始皇没有能力也没有决心把大臣们的嫉妒心理控制住，结果反而导致了韩非之死，教训深重。

（2）当众称赞下属要有理有据。

当众称赞一位下属必须要说服大家，使其他人心服口服，这就要求领导的话有据有理。“有据”。就是要有实事根据，铁证如山，谁也说不出个不字来。“有理”就是要求领导的话有道理，值得推敲。“有据”和“有理”必须结合起来才能起到教育和激励的作用。

一次会议上，孟处长在总结工作时提到发表文章比较多的何某时表扬道：“小何同志肯动脑子，好钻研，近来成果很多，发表了八篇文章，其他年轻同志要向人家学习，搞些成果出来。”话音未落，就有一位年轻的部下插话说：“水平不能以文章来定，文章的好差不能以发表的多少来定。发表文章多并不一定说水平高，那有可能是文字垃圾多。有的人一辈子就发表一篇或几篇文章，影响却大，难道说水平低吗？”孟处长被问了个哑口无言，不得不解释一番。结果弄得谁也不高兴。

孟处长的尴尬不在于他没有根据，而是有据却无理，他的表扬也确实站不住脚，经不起推敲，所以其他人心里不痛快，把他的称赞给堵了回去。

曾国藩很善于当众称赞某一位下属以激励其他将士。有一次，曾国藩召集诸将议论军务，他先发言道：“诸位都知道，洪秀全是从长江上游东下而占据江宁的，故江宁上游乃一洪逆气运之所在，现湖北、江西均为我收复，江宁之上，仅存皖省，若皖省克复，江宁则早晚必成孤城。”此时，一贯沉默寡言的李续宾从曾国藩的话中意识到了下一步的用兵重点，就试探着插话问道：“涤帅的意思，是要进兵安徽？”“对！”曾国藩见李续宾猜出了自己的意图，以赏识的目光看了李续宾一眼接着说：“迪庵说得好，看来你平日对此已有思考。为将者，踏营攻寨算路程等等尚在其次，重要的是胸有全局，规划宏远，这才是大将之才。迪庵在这点上，比诸位要略胜一筹。”其他将领也点头称是。

上面两个例子同样是当众赞扬下属，一个很不成功，一个则很成功，主要原因有二：一是当众赞扬某个下属不仅要有事实根据，更要有服人的道理。曾国藩抓住了李续宾的一句话就引申出大将之才的许多道理，事实清楚，道理深刻，谁能不服；二是要善于把握时机，赏不逾时。一旦发现下属值得表扬的地方，马上要发掘出表扬的道理当众表扬，不要拖拖拉拉，也不必要攒到一块表扬。因为“夜长梦多”，当其他人看到某人的成绩或优点时，嫉妒心可能萌发，为寻求心理平衡可能会攻击或者打到攻击别人的理由，所以如果赞扬“滞后”，难度可能更大。曾国藩听完李续宾的发问后，立即予以大力赞扬，其他人是没有充分的思想准备的，也只能接受教诲。

（3）当众表扬某个下属，不能怀有心计，要有诚意。

有的领导在表扬下属时，只想着树自己个人的威信，收买人心，实际上并没有表现出欣赏的诚意，无论是被表扬者，还是其他人都像被猴耍一般，这样的做法根本不可能使领导如愿。领导表扬下属，必须首先自己，表示欣赏、表示出诚意。

北魏时太武帝拓跋焘很赏识崔浩，聘他为顾问，并鼓励他集思广益、敢于进谏。太武帝还命令歌舞乐工作歌舞歌颂有功之臣，说：“智如崔浩，廉如道生。”在一次数百人参加的酒宴上，太武帝指着旁边的崔浩，发自内心地赞扬道：“你们看这个人纤瘦懦弱，手不能弯弓持矛，但他胸中所怀的却远远超过甲兵之勇。朕开始时虽有征讨之意，但思虑犹豫不能决断，前后克敌获捷，都是这个人引导我至于今天这一步。”语中不无诚意。富兰克林有句名言说：“诚实是最好的政策。”聪明的领导在表扬下属时，最好的方法就是要真诚。太武帝对崔浩的赞扬没有半点虚伪，他平时就非常赏识崔浩，坦诚之情处处可见。

应当牢记做事情之技：赞扬对事不对人，谁有了成就符合要求、达到标准都要当众赞扬，而不能此一时彼一时，忽冷忽热，赞一个偏一个。

12. 勿吝于提携后进

有些员工或许令你十分头痛，他们是你的企业中的“后进分子”，浑身上下都是毛病。作为领导，对这些人必须抱以诚恳的耐心，投入你的热情，去帮助和提携他们。

提携后进，笼络人心，大胆使用，这些人必将成为支持你、帮助你的力量，至少可以使他们在工作中不拖你的后腿。

“提携”的方式有很多种：

（1）升他官。这是最明确、也最为人所认同的提携，但也要看他的才干才行，扶不起的阿斗反而会害了你自己，成为你的负担。

（2）调整他的职务。这不一定是升官，但却可让他的才干充分发挥，而不致“闷死”。

（3）给他助力。例如不捆绑他的手脚，让他可以独立自主地做，以便磨炼他的才干。

（4）替他解决困难。一分钱可以逼死英雄汉，如果某人真是英雄，那么就帮助他解决困难吧。

（5）在悬崖前拉他一把，明告他、点醒他或暗示他，让他免于毁灭或受伤。

（6）鼓励他。在他灰心的时候、遭遇逆境的时候、被小人打击的时候，在精神上支持他、鼓励他，让他振作起来。这也是一种提携。

不过提携后进时，你也要有以下心理准备：

（1）承担风险的心理准备。看人不可能百分之百准确，有时也会把庸才看成将才，也会因个人的好恶而把恶狼当家狗，因此你提携了他之后，有时候会有被拖累、背叛的危险。

（2）承担流言的心理准备。“提携”的动作如过大过广，会被人认为是在培植势力，甚至引起别人的反感和抵制，在大的团体里这种情形尤其常见。

总之，任何事情有利就有弊，但提携后进对个人来说是利大于弊的，而且也不应该因为有弊就不再提携有才干的人。歧视和冷落只能使“小泥鳅”变为“老泥鳅”；提携和重用，“小泥鳅”或许可以成“大龙”。很多企业家一直有忠心耿耿的属下追随，这是因为他们乐于提携后进，用感情绑住了他们，利己也利他，所以，如果你有能力，有条件，那么就伸出你有力的双手吧！

第三章
与同事的合作账：穿上防身铠甲

人有一百，形形色色，世界之大，无奇不有。在你的办公室里，有好人也有坏人，在你周围的同事中，有君子也有小人。俗话说："人不犯我，我不犯人；人若犯我，我必犯人。"在与同事相处时多长个心眼没坏处，要谨慎处理各种复杂关系，以免不小心掉进伪善的"陷马坑"中。

1. 戳穿诬陷者的嘴脸

随着社会竞争的加剧，工作中采取的竞争手段也越来越丰富了。在各种作风的同事中，常常存在一些爱诬陷别人的同事，为避免受其陷害，你必须掌握具体的应对方法。

在工作中，什么样的同事都有，难缠的也不在少数，靠诬陷谋生的更是不乏其人。诬陷这种手段一旦被运用于同事的竞争之中，那么，它将对同事间的关系、上下级关系以及工作效率和工作氛围都产生非常恶劣的影响。如果你不幸成为被诬陷的对象，那你在工作中将处于极其被动的地位，一旦上司听信了他们的话，那你会因此而失去前途。

当然，对这种“小人样”的诬陷者要针锋相对，对其向上反映的不真实情况，我们要进行大胆揭露和坚决批驳。

第一，我们要主动出击，把所发生的事情的原委详细客观地公布给大家，使大家对此都有一定了解；第二，同诬陷者进行公开论战，把客观事实与那些偷偷摸摸上报的材料的各种不实之词都摆到桌面上来，帮助和引导人们把正确的客观事实与材料相互对比、推敲，进行参照。

做到以上几点以后，那些诬陷者向上级提供的“材料”的真假虚实自然会受到公众的评判，诬陷者的险恶用心也就昭然若揭了，他们的小把戏也就自然而然地不攻自破了。与诬陷者针锋相对，可以有效地揭穿这类小人的真面目，同时也可以更坚定地证明自己的清白。

但是当你被同事所陷害，而自己又无法把事实澄清时，你可以选择利用第三者解决的方法。利用第三者客观、中立的态度向领导说明事实的真相，可以轻而易举地揭穿诬陷者的谎言。

汉武帝的晚年，疑心病极重，以为周围的人都要害他。奸臣江充利用了这一点，经常打“小报告”，诬陷太子，在这种情况下，要当事人自己去辩解，已无可能。这时，有一个叫令狐茂的山西上党人，上书汉武帝，指出太子无辜，江充奸诈，并举出历史上种种事例，希望武帝不要听信谗言。这样，才使汉武帝有所觉悟，江充的谗言最终被揭穿了。如果没有比较勇敢的旁观者勇敢地介入，江充的谗言是很难被拆穿的。在现代社会，当然不会再出现汉武帝和太子的悲剧，但是如果对那些诬陷者不闻不问，任其诽谤，你最后的结局肯定好不到哪儿去。

孤军奋战肯定是有困难的，这时你不妨利用旁证协助打击诬陷者。当然，在运用此法时你应当注意：第一，尽早让第三者说明事实真相，如果时机选择得太晚，那你的名誉、情绪、工作可能已受到了很大影响，那样就有些亡羊补牢的意味了；第二，所选择的第三者必须为人正直、勇敢，态度客观、公正，具有较高的威信，这样才能达到预期的效果。

诬陷者从来不敢光明正大地向上级提供某些所谓的“材料”或“报告”，他们诬陷时总是在暗地里偷偷摸摸的进行，偷偷摸摸是这类人最基本的特征。因为当他们偷偷摸摸地行事时，没有人与他们进行对质，他们可以毫无顾忌地凭着三寸不烂之舌，随便乱说。

针对这类人偷偷摸摸的特征，你可以运用“当众对质”的方法，把事情的原委公之于众，而且当面辩论，诬陷成了公开材料，并且有事实与之对比，诬陷的影响便被大大限制了。

诬陷者比任何人都清楚自己的话是真是假，他们比谁都害怕与人当面对质辩论，因此我们在平日工作、生活、学习中，遇到诬陷这种伤人的“暗箭”时，大可不必惊慌失措，而应沉着应对，予以恰当的反击，以防范对自身乃至他人造成的伤害。

当面驳斥诬陷的内容，可以更好地树立自己的信誉，让那些诬陷的同事无处可藏。这时客观真实的事实材料是回击那些凭空捏造、捕风捉影的诬陷的有力武器。我们每个人在遇到麻烦的时候，只要能确实做到以事实为依据，尊重客观存在的东西，而不为某些表面现象所迷惑。就能彻底揭穿诬陷的荒谬言辞，对问题做出较为公正的判断和处理。

当然不给诬陷的同事留下把柄，是应对这类同事的根本途径，是防止诬陷者在上司面前攻击陷害你的根本方法。要想让众人相信自己的清白，要想让上司信赖你、重用你，你就必须做到襟怀坦荡、正直无私，不留任何把柄给其他人。

俗话说身正不怕影子歪，如果你在为人办事时都做到实事求是，襟怀坦荡、正直无私，即使有一些愿意诬陷的同事想诬陷你，也难以抓住把柄，因此，你也就避免了祸患的发生。

2. 欲禽故纵，引导对方合作

在单位遇到不愿意与你合作的同事，有时即使你苦口婆心地劝告和说服也起不了太大作用。这时你不妨寻找其不合作的原因，在理解的基础上欲擒故纵，巧妙地消除这些因素。

我们都知道要保持良好的同事关系并不容易，在实际工作中，我们有时还会遇到一些根本不愿意与我们合作的同事。我们这里说的不合作的同事并不是指那些主观上故意与你作对的同事，而是指那些躲避困难和责任而不愿意与你共同完成某项任务的同事。这样的同事不愿意与你合作有主观、客观上的许多原因，但不论何种原因，他们只是不愿与你共同完成某项工作或任务而已，绝对不是有意与你过不去，更不会费尽心机地陷害你。

尽管如此，但单位里存在这样的同事仍然会对你十分不利，因为对方的不合作会大大影响你的工作效率，让你的某项工作或任务因他的不合作而受到耽搁，有时甚至还会带来非常严重的损失。对这种人，这时你可以采取一种比较间接，但却十分有效的方法与之相处，那就是欲擒故纵法。欲擒故纵的本义是指为了要捉住对方，故意先放开他，使其放松戒备。比喻为了更好地控制，故意放松一步。那么我们将如何用它来应对那些不愿合作的同事呢？

在遇到不合作的同事时，在认清他们的特点之后，我们首先应该用实际行动帮助不合作的人消除不合作的因素。

S·胡洛克是美国第一流的音乐经纪人，他跟艺术家们打了二十年的交道。他曾经担任著名的男低音歌唱家查里亚宾的经纪人达三年之久。这位男低音风靡大都会歌剧院，但他的脾气很怪，像一个被宠坏了的小男孩；用胡洛克先生的话说："常常令人头痛。"

有一回，查里亚宾在要上台演唱的那天下午，突然打电话给胡洛克。他说："我的喉咙不舒服，像一块生的碎牛肉，今晚不能上台演唱了。"胡洛克先生这下可急坏了，但是他没有同他争吵。他知道这样做只会把事情弄僵。于是他马上赶到查里亚宾住的旅馆，一见面就表现得十分同情。"怎么啦，可怜的朋友？"他很忧伤地说："你感觉怎么样？如果你不能演唱，我想应该把这场演唱会取消。这只不过使你损失一两千元而已，但是跟你的名誉比较起来，这算不了什么。"

这时，查里亚宾叹口气说："5点钟你再来一趟吧。也许那时候我的嗓子会好一点。"

下午5点钟，胡洛克先生赶到查里亚宾的旅馆。他仍旧以一副十分同情的姿态再度建议查里亚宾取消演唱。查里亚宾又叹了口气，他要胡洛克过一会儿再去看看他，也许那时他会更好一些。

7点30分，这位男低音终于表示同意登台演唱了。因为胡洛克的同情使他不能使胡洛克难堪。

胡洛克说："在那种情况下，理解他，同情他，劝他取消演唱是使他与你合作，走上舞台的唯一方法。"

因此，以理解和同情来消除不合作因素，用欲擒故纵的方法来争取合作，可以说是很高明的。

有一次，美国著名工程师韦奇想说服工头换装一个新式的产量计数表，但他想到有一个工头肯定要反对。怎么办呢？韦奇想了许久，终于想出了一个办法。

有一天下午，韦奇去找他，腋下夹着一个新式的计数表，手里拿着一些要征求他意见的文件。当他们讨论文件的有关问题时，韦奇把那个计数表从左腋换到右腋，又从右腋换到左腋，移换了好几次，工头终于开口了，“你拿的是什么？”他问韦奇。“哦，这个吗？这不过是一个新的计数表。”韦奇不经心地答道。“让我看一看。”他说。“哦，你不要看了。”韦奇假装要走的样子，并这样说：“这是给别的部门用的，你们部门用不着这种东西。”“但我很想看一看。”他又说。于是韦奇又故意装着一副勉强答应的样子，将那计数表递给他。在他审视的时候，韦奇就看似随便但又非常详尽地把这东西的效用讲给他听。他终于叫喊起来说：“我们部门用不着这东西吗？哎呀！这正是我很早就想要的东西！”就这样，韦奇没有用一句话劝那位不合作的工头，就轻而易举地实现了自己的目的，毫无阻力地获得了对方的合作。上例中，韦奇应对那位不合作的工头所采用的方法就是欲擒故纵法，他把这种方法运用得十分巧妙，效果也是十分明显的，使不合作者轻易地变成了积极的合作者。

我们在实际工作中也应当学习这种欲擒故纵的方法，并且把它巧妙地运用到工作中，相信这种方法会给你的工作、你的同事关系带来许多意想不到的效果。

3. 既成事实，诱导对方合作

与不合作的同事相处时，你应当静下心来认真分析对方的心理特点，寻找出对方不合作的原因，然后再有针对性地采取一定的方法和策略消除其不合作的因素，把不合作者变为合作者。

世界上没有不可能的事，只要你善用心思，一切皆有可能。对于那些与你不合作的同事，你应该千方百计地想办法诱导他参与你的工作。这是转变其不合作态度的重要措施。不合作者不与你合作，就是由于没有参与你的工作，如果你能巧妙地使其参与到你的工作中，那么他在既成事实面前，往往就会变得容易合作了。

在实际工作中，很多时候，与你不合作的同事并不是主观上持有与你不合作的态度，而是他从没有参与过同你的合作，根本不了解你的工作，不知道与你合作的意义，所以，在这种情况下，我们应当想办法使对方加入到自己的工作中来，让他在与你一起工作的过程中，亲身感受到与你合作的意义，这样，你就自然而然地得到了他的合作。

有一次，《纽约论坛报》的总编辑雷特想物色一位有才干的助理编辑。雷特瞄准了年轻的约翰·海，他刚从西班牙首都马德里被解除了外交职务回来，而且正准备到伊里诺州去从事律师工作。

怎样才能使约翰·海舍弃自己的志向，而答应在报馆里为自己工作呢？看看雷特是怎样做的：

有一天中午，雷特请约翰·海到一家俱乐部吃饭，并在饭后提议到报馆里去玩玩，从许多电报中，他找到了一段重要的消息。那时恰巧国外新闻的编辑不在，于是他佯装很苦恼地对约翰·海说道："我快要被工作淹没了，来吧，替你的朋友分忧，给明天的报纸写一段关于这消息的社论吧！"看到雷特那副样子，约翰自然不好意思拒绝，便提起笔来就写。社论写得很好，报社社长也同意了，于是雷特请他再耽搁一星期、一个月，渐渐地劝他担任了编辑职务。约翰也就在不知不觉中放弃了他回家乡去做律师的志向，而留在纽约做新闻记者了。

正是由于雷特诱使约翰参加了编辑工作，用既成事实消除了约翰不可能与自己合作，而要去做律师的可能，即由可能的不合作而转变成真正的合作者。

上例中的总编辑雷特正是成功地运用了"既成事实"这一巧妙的方法，才获得了约翰的合作，为自己找到了一位有才干的助理编辑，同时也给报社带来了一名优秀的新闻记者。

从这个例子中，我们可以看到"既成事实"是说服同事合作的又一巧妙方法，在实际工作中，如果有同事不愿与你合作，你可以事先通过各种方法诱导对方参与你的工作项目，然后再逐步地说服对方。

4. 主动示好，打开有敌意者的心门

处处与你为敌的同事总是喜欢与你唱对台戏，他们往往宁可自己一件事也干不成、干不好，也要拆你的台。为避免这种情况的发生和持续，在应对这种同事时应当主动示好，尽量增加与其联络感情的机会。

在工作中，谁都想和周围的同事友好地相处，谁也不得罪，但实际上这是不可能的。同事之间产生意见和冲突是很正常的事，你不可能让每个同事都和你的意见一样，甚至你周围有些同事还处处在与你为敌。

当你就某个问题发表自己的建议时，他们总是站出来提一种与你恰恰相反的意见，还在言辞中不时地指出你的建议的不妥之处；当你有事需要他的配合时，他即使是闲着没事也不会过来帮忙；工作之余，你给大家讲了一个很有趣的笑话，还没听完他甩出一句“没有意思”，然后扭头就走；当你完成了一项很艰巨的任务，受到领导的表扬和同事的赞扬时，他却在一旁嗤之以鼻。这样的同事存在于你身边，虽然没有直接采取武力伤及你一分一毫，但却总是会破坏你本来很好的心情，甚至会搞得你很尴尬、难堪。同时也会大大影响你的工作效率，因为你的建议常因他的否定而拖延，你需要他帮忙时，他不会积极地配合。无疑，这样的同事是极难相处的，也许他们不会像某些小人作风的同事一样害你，但是你却时时能感觉到他对你的敌意。

其实，人与人之间很少会有不共戴天之仇。在办公室里，同事之间的

摩擦总是免不了的，只要矛盾没有发展到你死我活的境地，总是可以化解的。记住：敌意是一点一点地增加的，也可以一点一点消除。不过，化解敌意也需要一定的技巧。

商场上的人都知道和气生财、以和为贵，同事间的相处也一样，只有大家和平共处，才能在各自的岗位上取得更大的成就。如果同事间每天都为各自的观点和利益争吵不休，那谁也不会有太大的进步，最终的结果只能是两败俱伤。因此，在与同事相处时，还是主张和平共事，友好相处。

比如有一位同事，他与你合作一个项目，他心底里原来对你十分不满，不但对你非常冷漠，有时甚至你跟他说话，他也不理不睬。

既然他对你的敌意十分明显，那么在这种情况下，你就不能佯装不知了，而应当主动向对方示好，你可以在其他同事不在场的情况下问他："我是不是哪里做得不好得罪你了？"一般情况下，他会冷冰冰地回答你"没有那回事。"此刻，你不要囿于面子觉得自己是自找没趣，不知该如何是好，其实你完全可以巧妙应对。

既然他说没有不妥，你就乘机说："真高兴你亲口告诉我没事，万一我有什么不对的地方，请你一定告诉我，我乐意改正。说句心里话，我很珍惜咱俩的合作关系。如果你不介意，一起去吃午饭，如何？"

这样，就可逼他面对现实而表态。要是一切如他所言的没事，共进午餐交流感情则是很自然的事；或者邀他与你一起喝下午茶；或者在你离开办公室时碰上他，开心地跟他天南地北地聊一番。总之，尽量增加与他联络的机会。友善的对待，对方是无论如何也拒绝不得的！

要想增加与对方联络的机会，并以此来逐渐化解对方的敌意，除了一起吃午餐或下午茶等，你还可以从业余兴趣方面着手。

如果在工作上与你为敌的同事其业余兴趣与你相同，那你就可以和对方在这方面多加交流了，有了共同的爱好和兴趣就会有共同的语言，有了共同的语言你们之间的隔阂自然就会很快消除，以后的相处就会更融洽。这样在以后的工作中，你们合作起来就会愉快得多。

但是，如果你发现这位同事在工作上不仅与你意见相反，在业余兴趣上你们也截然不同，那怎么办？你想与之进一步地交流，可是却寻找不到共同语言，难道要强迫自己改变兴趣去取悦别人？这当然不必。消遣内容多得是，你大可发掘一种你们都会喜欢的共同兴趣，不过，进行时不要过于勉强，轻描淡写、低姿态是最理想的。例如相约同事去看演唱会、去看电影，应该算是最自然和最理想的，因为这些消遣与性格没有直接关系，不致与某些原则有抵触。

在加强同有敌意的同事的联络时，你应当表现得主动、友好，而且自然。

如果在公司里，曾经有一位同事，为一个职位你们俩当时竞争得十分激烈，因为当时你稍胜一筹，所以他一直对此耿耿于怀。不过，今天你俩已分别为不同部门的主管，虽然没有直接接触，但将来的事情又有谁晓得？所以你应该为将来铺好路。

如果你无缘无故去邀约对方或送礼给他，当然显得太过于唐突，而且也太自贬身价了，你应该伺机而动，做到自然而巧妙。例如，从人事部探知他的出生日期，在公司发起一个小型生日会，主动集资送礼物给他，要知道没有人能抗拒好意。

要是对方提升新职，这就是最佳的时机了，写一张贺卡衷心送出你的祝福，如果其他同事替他搞庆祝会，你无论多忙碌，也要抽空参加，否则就私下请对方吃一顿午餐，恭贺他之余，不妨多谈大家在工作方面的喜与乐，对过去的不愉快事件绝口不提，进而拉近双方的距离。这些亲善工作必须在近日就抓紧机会去做，否则到了你与他有直接麻烦时才行动，那就太迟了。

也许你对此不够理解，为什么要和有敌意的同事增加联络，加强感情密度呢？其原因如下：

首先，任何同事之间的意见往往都是起源于一些具体的事件，而并不涉及个人的其他方面。事情过去之后，这种冲突和矛盾可能会由于人们思维的惯性而延续一段时间，但时间一长，也会逐渐淡忘。所以，不要因为过去的小意见而耿耿于怀。人与人之间的情感也是相互的，只要你大大方方，不把过去的事当回事，对方也会以同样豁达的态度对待你。

其次，即使对方仍对你有一定的成见，也不妨碍你与他的交往。因为在同事之间的交往中，我们所追求的不是朋友之间的那种友谊和感情，而仅仅是为了工作中的融洽关系。彼此之间有点矛盾不可避免。只要工作中能合作愉快就行了。因为工作本身涉及双方的共同利益，彼此间合作如何，事情成功与否，与双方都有关。如果对方也是一个聪明人，他自然也会想到这一点，这样他也会努力与你合作。如果对方执迷不悟，你不妨在合作中或共事时向他点明这一点，以利于相互之间的合作。

最后，对自己有意见的人，他也会觉出你对他有意见。只要双方都不是那种古板固执的人，实际上也都想通过某种方式进行和解。因此，这种交往不仅是可行的，往往还是非常必要的。

5. 避开敌意，得饶人处且饶人

醉心于打击别人的人，他本身也绝不是什么高尚之人，他们只是打击别人时为自己寻找一丝满足感。对于这种可怜人，我们不应该与他们斤斤计较，而是以容纳百川的胸怀对待对方的反对。

我们都知道，由于每个人的智慧、经验、价值观、生活背景各不相同，因此与人相处，争斗是难免的，不管是利益上的争斗，或者是是非的争斗。

在我们周围，那些对你抱有敌意的同事则喜欢时时与你争斗，在他们的不断攻击下，你往往会不由自主地陷入争斗的漩涡，而大部分的人一旦陷入争斗的漩涡，便会不由自主地焦躁起来，一方面是为了面子，一方面是为了利益，因此得了“理”，便会不饶人，逼得对方非投降不可。然而“得理不饶人”虽然让你暂时胜利，但这同时也是下次争斗的前奏；“战败”的对方也是一种面子和利益之争，他当然要“讨”回来。这样就会造成你与同事之间无休无止的争斗，在以后的工作中他一定会加倍地反对你，与你为敌，这样下去的后果只能是两败俱伤。

其实，在应对与你有敌意的同事时，你最好以容纳百川的胸怀对待对方的反对。如果你得理不饶人，让对方走投无路，就有可能激起对方反抗的意志，就有可能“不择手段”给你自己造成伤害。如果你得理还能饶人，放他一条生路，那么，他对你的敌意从此就会减弱一些。而且人海茫茫，但却常常“后会有期”，你今天得理不饶人，焉知他日的二人狭路相逢？若届时他强你弱，你就有可能吃亏，“得理且饶人”也是为自己留条后路。

总之，冤家宜解不宜结，当公司里有人与你处处作对并且他与你的工作密切相关时，你必须好好处理你们之间的关系，尽量想办法消除他对你的敌意，千万不要以怨报怨与对方结成死对头。当然，如果要你彻底忘记怨恨也是不可能的，但有几项原则是你必须遵守的。

首先，无论那一次结怨谁是谁非，都不要介入工作的范围里，要做到只字不提，以免双方公私不分。

其次，在与对方合作时你应当摆出大公无私的态度。对这位与你为敌的同事必须事事讲清楚，以免有所误解，导致不愉快事件或心病愈重。

再次，冤家宜解不宜结，主动表示友善，露出诚恳之态，是没有人会拒你千里的。

如果这些原则还不足以对付你的同事“大敌”，那你就只能采取避开敌意的方法了。

所谓避开敌意就是在面对诸如“你以为你是谁？”“你们那所高级学校难道没教你点什么东西吗？”“你从来就没听过什么叫应急计划吗？”等不友好的问话后不予理睬的态度。

这些问题根本就不是询问什么信息，它们只是为了使你失去平稳的心态。听到这类问题时，你千万不要带着感情色彩去回答他们，事实上你根本就不要回答他们。索性假装它们压根儿就没从你同事的嘴里说出来，毫不理会它们就是了，你只管回到你的主题：你感受到了什么？你计划做什么？以及你希望怎样做？这样，你就不会给你的同事冲你破口大骂的机会，就有可能减少他对这一类不友好问题的依赖。

听到同事提出威胁性问题时，你千万不要理会，更不要试图回答，因为那些问题本身就带满了刺儿，你一旦回答就会扎到刺上，引起一场不必要的争论甚至吵闹，这样就会更加恶化你与同事间的关系，所以我们主张，不要理会那些充满敌意的问题。

6. 守中有攻，巧妙回击爱刁难的同事

有时候刁难人是基于某一错误道理或荒唐念头，常是由于思维逻辑出现了错误。在这种情况下，你只需指出他的逻辑错误，问题即可迎刃而解。

一般来说爱刁难的人说出的话和行为方式都咄咄逼人。这类人基本上都是有备而来，或是对自身条件估计得比较充分，非常自信能够战胜你。他们通常对你的要害部位实施猛烈攻击，使你十分被动而无招架之力。那么，对这类人究竟应该怎样应对呢？

守中有攻，这是使自己站稳脚跟的最佳办法。在古代的哲学或兵法中，有关这方面的论述很多，我们每个人也许都有这方面的经验。这种方法说白了就是先把拳头藏起来，等候时机，时机成熟了，看准了对方，再猛烈打过去。守中有攻，一般在下列两种情况下使用极为有效。

第一种情况是等到对方不能自圆其说的时候，这时你就应该反攻了。我们知道这类人在一开始会咄咄逼人、锋芒毕露，也许你根本找不到他的破绽。但是你应该抱着这么一个信念，他的铁甲再厚实坚硬，也总有能下手的地方。只要你注意观察、瞅准时机，一旦其锋芒收敛，想作喘息、补充的时候，这就是个机会。

第二种是当对方已是黔驴技穷的时候。这时对方已经把要进攻的炮弹全部发射完毕，而后发现他连你的“伤口”部位还没找到。这就是所谓的

“黔驴技穷”。他技穷之时，也是你反攻之时。

爱刁难的同事最大的特点是总想使别人难堪，以显得自己聪明、能干，假如对方的问话是你所必须回答的、不能推脱的，而又要对方跟着你的思路走时，你可以装作退却。待对方乘机逼过来，你把他带得远些，让他完全进入了圈套，然后再回过头来对他反击。

一次记者招待会上，一位西方记者突然对周总理提出一个问题：“中国有没有妓女？”这是个非常严肃的问题，关系到我们国家的声誉，甚至还可以联系到社会主义制度与资本主义制度的问题，按照常理思维，回答当然应该是“没有，绝对没有！”。周总理却先巧妙地设计了一个圈套，微笑着对那位记者说：“有”，全场马上发生一些骚动，所有的记者都把脖子仰起，期待下面更具体的答案，周总理把话头一转，意味深长地说：“在中国的台湾省”。回答得多么巧妙，一箭双雕！

战国时，韩国的使者史疾来到楚国。

楚王问他：“贵客信奉何种方术？”史疾答道：“我研究列御寇的学说。”“您推崇什么道理呢？”“推崇正名。”

楚王问出兴趣来，继续问道；“正名能治国吗？”史疾说：“可以。”“用正名的方法如何防范强盗？”

楚王这样问倒有诡辩之嫌了。此时，恰巧有只喜鹊停在房顶，史疾便反问道：“请问楚国人把这种鸟叫做什么？”楚王回答：“叫做喜鹊。”“称作乌鸦，可以吗？”“不可以。”史疾便说：“如今大王的国家有相国、令尹、司马、典令等官出缺，在您选用、安置官吏的时候，一定选择廉洁奉公者担任其职。可是，如今楚境内贼盗公然横行，官吏却没能力制止，这就属于乌鸦不称作乌鸦、喜鹊不叫作喜鹊的事了。”

楚王无言以对。

当对方的问题很难回答或发问的角度很刁，你回答肯定、否定都可能出错时，那就不要回答，你可以把问题再还给对方，将对方一军。

比如，有一个国王故意问阿凡提：“人人都说你聪明，不知是真是假？如果你能数清天上有多少颗星星，我就认为你聪明。”阿凡提说：“如果你能告诉我，我骑的毛驴有多少根毛，我就告诉你天上有多少颗星星。”

这种技巧就是给予对方一个模棱两可的回答，看起来与对方的问题不相干，几乎没有回答他的追问，但实际把问题还给了他，使对方不能对你再进行无理的刁难。

7. 回击挑拨离间者

在社会生活中，有许多人常常被那些爱挑拨离间的人所困扰，这种爱挑拨离间的人往往是无中生有地挑起一些是非，以离间他人关系为目的。他们深知“鹬蚌相争，渔翁得利”的道理，用种种卑鄙的方法离间别人，挑起别人之间的矛盾。等到被离间者相互争斗时，他们却从中获利。对付这种人，千万不可鲁莽行事，讲究策略是关键。

一旦你与善挑拨离间的人在同一个办公室共处，那你一定要多加小心。这样的人起祸心时给公司带来的杀伤力非常之大且迅速，只要一不注意或处理不当，便有可能使公司内部硝烟四起。应付这样的人，没有什么好的办法，只能防微杜渐，不让这类人进来，或一经发现就予以坚决制止、迅速消除。否则后果将不堪设想。

挑拨离间者危害甚大，与这类人共处时，稍有不慎就可能被卷入是非之争中，那时想全身而退已是不可能了，因此在与周围同事相处时，我们一定要擦亮自己的眼睛，认清挑拨离间者的庐山真面目。

“鹬蚌相争，渔翁得利”，这句话形象地表述了爱挑拨离间者的真正目的。在工作和生活中，爱挑拨离间者之所以要费尽心思地挑拨他人关系，其原因就是想从被离间者的矛盾中获取某些利益，如果无利可图，他们是绝对不会花那么多心思的。

挑拨离间的行为通常是伴随着利益冲突而实施的，离间者往往是被离间者发生矛盾后的直接或间接受益者。

小张、小黄和小李同是某公司的职员，小张因为公司把项目分配给小黄和小李而十分不满，所以，他在小黄面前挑唆小黄和小李的关系，使小黄和小李不能同心合作，在小黄和小李吵翻后，小张终于拿到他一心想拿到的项目，达到了自己的目的。

读完这个在办公室经常发生的故事，我们不由得会想，如果身边有这样的同事该有多么可怕，一旦成为这些同事离间的目标那岂不悲惨至极了吗？一点儿不假，挑拨离间的危害性之大，是不容置疑的。所以尽量不要成为挑拨离间者的攻击目标。当然，这就要求你掌握正确的应对技巧，从容应付这些爱挑拨离间的同事。

首要的一条就是以事实为根据，尊重事实。在社会生活中，我们一定要保证自己的言行正直坦荡，在与爱挑拨离间的同事相处时，更应当如此。在听到挑拨离间的闲言碎语时不信、不传，既要做到自重、也要实现互重。

自重是处理人际关系的基本原则，在与不同类型的人交往时，它有不同的表现形式：与比自己强的人交往，需要诚恳、虚心；与不如自己的人交往，需要谦和、平等。而和那些搬弄是非的人交往，则需要正直、坦荡，就是我们说的对闲言碎语不信、不传。认识事物要有正确的方法，判断事物要有充足的依据，一句话，就是看问题要全面，不要人云亦云，要有自己的见解。

除了自重外，互重也是很重要的。背后议论别人是一种不道德的行为，帮助别人改正这种习惯是应该的。帮助他人改变这种小人恶习行之有效的方法是：尊重对方，以朋友式的态度，善意地规劝对方。或者想法巧妙地引导对方获得正确地认识事物的方法，比如，当对方谈论他人时，可以先顺着对方的话音，谈谈这个人确实存在着缺点，然后再谈谈他人的长处，从而形成一个正确的结论。如果有些同事挑拨离间的恶习已成为其性格特点，那么你就干脆不理睬他。

我们常说："走自己的路，让别人去说吧。"我国还有一句俗语叫做："为人不做亏心事，半夜敲门心不慌。"只要你自己对得起良心，只要你行得正、站得直，你就不怕这种小人行径。

另外，在应对挑拨离间的同事时，你要特别注意不要一听到搬弄是非的话，就立即去找人对质，更不要一时性急，去找人"算账"。这样做不仅会使同事们把你和他都看成是没见识的人，而且使你就恰恰中了挑拨者的奸计。

8. 以静制动，与“告密”者保持距离

当听到有人向别人告你的“密”或是有人向你告别人的“密”时，要努力控制自己的情绪，保持头脑冷静，并与“告密”者保持适当距离。

爱“告密”的同事总是忙来忙去地穿梭于其他同事之间，今天向这个同事告那个同事的“秘密”，明天又到那个同事面前造这个同事的谣言。其实应对这种小人作风的同事的最好方法就是以静制动，与他保持适当距离。

其一，减少来往。

“亲贤臣，远小人”是古代贤明君主治理国家的一个重要原则，它也可以成为我们处理人际关系的一条基本准则。对于那些爱挑拨离间的小人，我们平时就是要与其减少来往。

这些人一旦成为你的同事，在工作中他们往往会不厌其烦地把不利于你的是非辗转相告，这样会对你的情绪造成莫大的负面影响，以致影响你正常的工作，所以你应巧妙地拒绝和他们见面或不接他们的电话，此类人不宜过多交往。

其二，态度冷淡。

对待爱“告密”的同事千万不要热情，更不要对他们传播的“秘闻”或“消息”积极应对，对这类同事的态度应该是冷淡、谨慎。

当有的同事在你面前搬弄是非时，你千万不要以为把是非告诉你的人

便是你的朋友，他们很可能是希望从中得到更多的谈话材料，从你的反应中再编造故事，所以聪明的人不会与这种人推心置腹。令他们远离你的办法，是对任何有关你的传闻反应冷淡、不置可否，一定要在这些同事面前谨言慎行。

其三，保持冷静。

当听到有人说自己坏话或是肆意贬低自己的消息时，人们难免会感到生气、愤怒，不管这些消息是否存在、是否准确，它们总会或多或少地影响自己的情绪。

在遇到此种情况时，尽管你听到关于自己的是非后感到愤慨，但表面上你还需努力控制自己的情绪，保持头脑冷静。你可以这样回答："啊，是吗？让他们去说好了。"或者说："谢谢你告诉我这个消息，请放心，我不会与他们一般见识的。"如此，对方会感到无空子可钻，就不会再来纠缠不休了。

9. 做人需学会说“不”

一味地顺着别人是非常危险的，对于营造和谐的人际关系也是很不利的。在与同事交往的时候，应该敢于说“不”字。

许多情况下，有些人为了让同事对自己有个良好的印象，或者为了照顾到自己的面子，或者为了给同事一个台阶下，当对方提出某些要求的时候，不假思索就接受了。

然而所接受的事情，有些由于受到了各种条件、能力的限制，绝非想办就能够办得到的。所以，当朋友托你办事的时候，第一要考虑你是不是有能力做到，否则你不如回答：“我不行！”

一味地碍于情面而轻易答应别人的要求，对自己是没有任何好处的，相反还可能给自己带来不必要的麻烦。不过，拒绝对方的要求并非一件轻松的事。事实上，人人都有自尊心，都想获得对方的重视，而且不希望对方失望，这就需要你在拒绝同事的时候讲究艺术，不仅要拒绝同事的要求，还要不伤害同事的自尊，更不能有损于同事之间的关系。

假如你的一位同事想把本来属于他的工作转移到你的肩上来，你先不要出于本能地拒绝：“唉，你的事情我可不会干。”

为了慎重一些，你可以这样跟他说：“我很乐意帮你的忙，可是事情太不凑巧了，我手头的工作还没有完成。我觉得，您的能力与素质能够胜任，最好您自己先干着吧。噢，对了，我能帮上你其他什么忙吗？比如，帮您捎一件东西！”像这样不仅有拒绝，而且还有帮助，既合情又合理，自然会使对方知难而退又说不出话来！在拒绝别人的时候，应该努力以平静且庄重的神情表露出来。

对于有些人来讲，对别人的不管什么要求或者命令都喜欢以同意或者顺从的态度来回答已经变成了一条铁律，他们不愿意使对方失望，害怕由此而激起对方的怨恨。他们想通过“顺从”来塑造以及维护自己的“好人”形象；他们认为“不”是一种否定，如果想和某人和平相处，“不”简直就是一个禁忌。长此以往，他们不但不想说“不”，即便想说的时候，也不知怎样去说。是不是总是迎合、满足别人的要求，就能够营造出和谐友好的同事关系呢？当然不是。因为不能拒绝，从而违背了自己的意愿而说了“是”，事情过后会陷入困扰之中。例如，忍受给你带来很多不方便的来访；做了许多使你难为情的事情；甚至让你蒙受了一些经济损失……另外，你会觉得在生活中的许多时候都觉得烦恼、失望以及感到内疚，你会误认为自己没有能力主宰生活，自己的形象是如此可怜。

你如果真的以这种形象去和同事交往，你又怎么能被同事所看重呢？有些时候，明明知道不能办到的事情却勉强承担下来，结果却遭到同事怨恨，致使矛盾的产生，何苦呢？

10. 勇于争取你的权利

坚守住自己的权利事实上是做人的基本原则，如果你随便允许同事们占你的便宜，那么你不但失去了维护权利的能力，而且还丧失了站出来争取权利的尊严。

在交往中，许多与同事相处得非常融洽的人，很多事情都做得恰到好处。例如，他们一般非常清楚自己与同事利益的关系。当他们保护自己利益的时候，同事们也往往很尊重他们应得的利益。

如果你向同事做出了让步，可是你却没有了大方的资格，结果你又负担不起这种让步，那么让步的行为最后只能由你自己来付出相应的代价。

在工作中有许多人，他们是非常痛苦的，因为这种类型的人处处都在妥协，他们不能原谅自己，因为他们再次违背了自己的意愿而妥协了。他们懂得自己应该勇敢些，可是他们却被证明了已经是一位懦夫了。在他们的心目中，自己早就已经堕落了，完全丧失了尊严，这一切都是由妥协造成的。

你为什么一定要妥协呢？什么东西值得你那么害怕失去呢？在短暂的一生中，人应该勇敢地去面对生活，不要害怕走入极端，好好地守住自己的底线。不要一味地妥协，虽然你的许多思维都在不断地妥协。

“妥协”是你的字典里面最丑恶的字眼，“妥协”表示“自己拥有一些，让出一些。”何必要这么做呢？当你有权利同时拥有，当你能吃了整块蛋糕并且拥有它，为何还要妥协呢？

只需要很少的勇气，勇敢地迈出一小步，只要你尝到了不妥协的好处以后，它就能给你带来尊严。你肯定会觉得自己有了强大的靠山，找到了自己的根，你会觉得以自己为中心来生活是多么快乐。

你觉得常常受到压制，被同事欺负吗？同事们是如何对待你的？你是否经常被同事利用？你是不是觉得同事总在占你的便宜？你是不是发现自己经常扮演违背自己意愿的角色？你真的想改变自己的不利处境吗？对此，美国的一位心理学家韦恩·戴尔说："我从诉讼人和朋友们那里所听到的悲叹，所说最多的是这方面的问题。他们从许多角度感受到自己是一位真正的受害者，而我的意见是：'是你自己教给别人这么对待你的'。"

一天，一位叫盖伊尔的女性找到韦恩。盖伊尔觉得自己受到蛮横的丈夫冷酷无情的压制。盖伊尔责备自己对丈夫的辱骂与控制总是逆来顺受。而且，盖伊尔的三个孩子也都对她不尊重。她已经忍无可忍，苦恼得要死了。

盖伊尔对韦恩说出了自己的身世。韦恩一听就明白了这是一位从小就忍受别人欺负的例子。从盖伊尔性格形成早期开始，直到结婚为止，她的行动始终受到非常霸道的父亲的控制。没有想到她的丈夫的性格和父亲的性格相似，所以婚姻再次把她推到了陷阱里。

韦恩告诉盖伊尔，是她自己不自觉中教会了别人如何对待自己的。这并不是"别人"的错。后来，盖伊尔终于明白了，这么多年来她始终忍气吞声，事实上是害了自己。

盖伊尔的做法就是让丈夫和孩子们知道：她不再是任人摆布的了。从前，她不想当众大吵一顿，所以对丈夫的挑衅一点办法都没有。现在，她想完成的头一个任务，就是与丈夫抗争，接着拂袖离去。当孩子们对她不尊重时，她坚持让他们对自己有礼貌。

结果几个月以后，盖伊尔对韦恩说，她的家庭对她的态度发生了很大的变化。盖伊尔体验到，真的是自己教会别人怎样对待自己的。

另外，盖伊尔还明白了解救自己最关键的就是：用行动而绝非用语言去教育别人。如果你想用一场长篇大论来让别人尊重你，那是根本不可能的事情。而你必须用有效的行动来告诉别人，否则的话你仍将受到“欺负”。这表明一次行动胜过一万句空洞的说教。

韦恩同时指出：“很多人觉得斩钉截铁地说话会使人不快或者显得蓄意冒犯他人。事实上，不是那样。它往往能表明你的权利，或者你的立场。”

凯尼在与售货员们打交道的时候，经常由于害怕售货员会不高兴，结果买回来自己不想买的东西。后来，他想让自己变得能够果断行事。一天，他到商店里买衣服，看见一件自己所喜爱的上衣，就对售货员说，他想要那一件。然而，就在售货员把衣服递给他的时候，凯尼看到上面有一道轻微的擦痕。

凯尼抑制住了刚刚一闪而过的不再计较的念头，赶紧说：“请您给我换一件，这件上衣上有擦痕。”

售货员微笑着回答说：“好吧。”这一时刻对于凯尼来讲真是一个巨大的转折点。从此，凯尼刻意去锻炼果断行事的能力。

结果，新的为人处世方法的报偿大大地超过了购买一件没有擦痕的上衣。凯尼的上司，凯尼的妻子和孩子们都认为，凯尼变成了一个值得别人尊敬的人。他已经不再是一味地应承别人的人了。凯尼不但能够轻易地获得自己想要的东西，同时也赢得了人们的尊敬。

11. 如何与嫉妒你的同事相处

嫉妒行为实在是影响同事关系的腐蚀剂。但嫉妒同时也是对你的成绩的一种负面形式的肯定，你大可不必为同事的嫉妒而烦恼，坦然与其相处。

“人怕出名猪怕壮”，这是一句中国人都非常熟悉的话。曾经有一位科学家把这句话翻译给美国学者听，那位学者非常吃惊：“为什么中国人害怕出名、中国的猪害怕肥呢？”原因是嫉妒。

所谓“枪打出头鸟”、“出头的椽子先烂”等等，这么多可怕的“警告”语，全都表明嫉妒者是多么可怕。当它们出现在你和同事的相处中时，你应该进行正确的调节。

其一，把它们当成一种荣誉。

你不但要学习忍耐以及克制住自己的嫉妒心理，还要顶住同事对自己的嫉妒。意思是说，在自己获得某些成绩的时候，同事拿出各种各样的方式来嫉妒你的时候，不要因这种嫉妒而改变了正常的生活和行为方式，应该用科学的态度来认识这种嫉妒，这样才能忍受他人的嫉妒。这两者是相辅相成的。不可否认的是，在你取得了一定的成绩以后，受到他人的各种嫉妒是非常难受的。本来是通过自己的努力，辛苦取得的成绩，却遭到了周围的不公正对待。是的，它们的确使你感到非常委屈和愤愤不平。尤其是那些恶毒的诬蔑，简直就是使人受不了。有的人遇到了那种情况，常常会放弃自己的更大追求，结果他们停下来与那些嫉妒他们的人站在同一个水平线上。

许多人在这种嫉妒的强大压力下，被迫缩回了刚刚施展开来的手脚，拼命压抑自己的抱负与理想，结果在强大的嫉妒的压力下彻底崩溃了。

怎样才能忍受来自于同事们的各种各样形式的嫉妒呢？

把同事们的嫉妒看成是自己的荣誉与值得骄傲的地方。同事们的嫉妒，和由这种嫉妒所带来的各种责备与围击，其实都是由变态的方式来表达某种无能。意思是说，这种嫉妒事实上是以一种非常极端的方式，通过诋毁你的成功与长处，来掩饰和弥补他的缺陷或无能。

事实上，嫉妒是对你的成绩的一种负面形式的肯定，而绝不是来自于客观的批评。就是因为这样，你用不着在意这些嫉妒。从此，你更要十分坦然和骄傲地和同事们在一起相处，而不要有什么顾忌。

嫉妒更加突出了你做出的成绩。因此，从这个意义上来讲，我们才说嫉妒是一种荣誉的烘托形式，是最令人感到骄傲与自信的地方。

其二，把同事的嫉妒变成自己的驱动力。

那些来自于同事对你的嫉妒，或许会有一些刻薄的挑剔。事实上，有许多人正是借助这种挑刺的方式，来贬低自己所获得的成绩，从而再确立一种更高的目标。因此，正确的做法就是要把同事对你的嫉妒变成自己的压力或者驱动力，把它当成自己向前发展的台阶。要用一种积极的方式去对待同事消极性的“鸡蛋里挑骨头”，对方的用意就是嫉妒、否定以及攻击你，自己的态度应该是学习、接受以及把它变成驱动力。

因此，你还应该对同事的这种挑刺幽默地表示一下谢意，因为这种挑刺的嫉妒能让你不被成功的喜悦冲昏了头，不会沉湎于一时的成绩中，从而能够保持十分清醒的头脑。结果，你看清了自己的不足之处，看清了前进的方向与目标。以这种方式来对待同事的嫉妒，还要感激嫉妒你的同事，最好再付之以哈哈一笑。

其三，不要刺激同事的“嫉妒”。

受嫉妒的人最需要懂得的就是，一定要防止孤傲的外在形象。“嫉妒”的心理，可以回避但不应该刺激它。它就像蜂窝一样，只要捅一下，就会惹来麻烦；只要你能不去捅它，它就能够保持原状。没有必要在那上面得不偿失，影响自己的前途。

嫉妒是一种低层次的情绪，因此不用去和同事争个你短我长、你非我是，更不用去针锋相对，必须弄一个“水落石出”不可。应该知道，这并非学术探讨，也不是什么法庭对质。你的对手绝不会拿“逻辑”或“法律依据”来和你争论。

嫉妒你的人本来就没有和你站在同一个档次上，所以任何“讨个说法”，都会使你受损，不但降低了你的档次，而且还浪费你的时间和精力。最好的方法就是胸怀坦荡，一切都随风去吧！

对嫉妒你的同事的各种“雕虫小技”，也可以视而不见，一如既往地朝新的目标迈进，用更加出色的成绩来面对对方。

其四，不要灭了自己的锐气。

要知道，嫉妒行为尽管给你带来了一些痛苦和障碍，可是嫉妒的人肯定有着能力上的不足，或者害怕在事业上和你竞争，和你进行正面较量。可见，对方的嫉妒行为是掩盖其内心无能的行为，是内在虚伪以及自私的外露。

能够悟到这一点是非常重要的，这能让你在嫉妒的行为面前保持一个冷静的大脑，保持一种顽强的信念。原来嫉妒行为只不过是一种掩饰其软弱无能的行为，那我又为什么要放弃追求呢？让别人说去吧，我走自己的路！

12. 如何与城府深的同事相处

城府深的人对任何事情都不会做出明确地表示，对任何人的态度都是大致相同的。与城府深的人打交道，很难知道他们的真实想法。但是你只要明白同事之间不可能像朋友相处那般纯洁，就容易多了。

城府深的人不愿意叫别人知道自己的心思，并且通过各种各样的方式来保护自己，有时人们管这种人也叫做深藏不露的人。

城府深的人通常说话不着边际，对任何事物都不会做出明确地表示，常常是含糊其辞。城府深的人一般有下列几种情况：

第一，他或许是一位很有心计的人，为了和别人相处的时候争得主动权，或者因为某种目的不愿意叫别人了解自己的内心，把自己保护起来；但却总想去了解别人的情况，从而使自己永远立于不败之地。

第二，他也可能是一位经受过挫折与打击，并且受到了严重伤害的人。以往的惨痛经历使他对这个社会、对其他人有非常强烈的敌视态度，强烈地渴望对自己采取更多的保护措施。

第三，还有可能对事情一点都不了解，拿不出任何有价值的意见。因此，为了掩饰自己的无知，以一种飘忽不定的方式和别人交往，装成一种城府非常深的模样。

面对第一种城府深的同事，你必须严加防范，警惕不要被对方利用，不要变成对方的工具，不要叫对方完全了解你的底细。

对第二种城府深的同事，要坦诚相待，以诚心来感化对方。这种同事城府深并非为了谋害他人，只不过是为了防备他人伤害自己。因此，你对他不能有什么防范，那样更不能沟通；为了真正地与对方沟通，不妨对他敞开自己的心扉。

对第三种城府深的同事，你绝不能抱有太高的期望，也不能要求他提供什么看法或者判断。

总而言之，对城府很深的人，假如你被迫与其打交道，就要认真地区分他属于哪一种人，接着确定自己与他的相处方式。

13. 如何与虚伪高傲的同事相处

虚伪高傲的同事往往追求一时的荣誉，想把“自我”提高一下并没有别的期望。所以只要你照顾了他那可怜的虚荣心，就算他最终失败了，他也不会觉得那是一件多么糟糕的事情。

虚伪高傲的同事十分注重、珍视虚荣，逐渐养成了一种非常幼稚可笑的思维习惯。心里既然有着过分的虚荣，很难避免夸夸其谈，而且他在夸耀自己的时候，肯定会露出他那些与众不同的弱点。

美国的钢铁、煤炭大王佛立克在其早年期间，之所以能扫清障碍，步入成功的坦途，一是由于他能吃苦，二是由于他擅长取悦虚伪高傲的同事。

佛立克的家乡是一个十分偏僻的小乡村，刚步入社会的时候，他在一个小商店里做伙计，以解决自己的温饱问题。不久，佛立克来到马克伦姆和伽里色大商场继续做店员，每个月收入很微薄。那时，与他一起工作的一共有20多个店员，全都努力工作，都想把别人给竞争下去。佛立克是店员中最后一位加入的。然而，在很短的时间内，他在店员簿册上竟然名列前茅了。这已经足以使人刮目相看了，而更令人惊讶不已的是，他和所有的店员都保持着良好的友情，同事们对他都很有好感。

在佛立克还没有名列前茅以前，有一位名叫柏莱尔的同事，深得大家的赞颂，不仅被推选为“领袖店员”，而且他还拥有“服务于头等客人的权利”。对于这些荣誉，其他同事们只能拱手相让。

那时，佛立克唯一想击败的就是同事柏莱尔，但是佛立克并没有用敌意的方式去对付他。

佛立克先把柏莱尔仔细地分析一番，结果了解到柏莱尔极富虚荣心，并且十分高傲，常常自以为是。佛立克知道柏莱尔所期望的就是让别人认为自己了不起。佛立克觉得这是一种非常简单而且很容易满足的要求。他利用柏莱尔的这个性情轻而易举地打败了他。尽管佛立克的获胜使柏莱尔觉得“悲酸苦涩”，有时感到有些别扭，不过他仍然能体会到佛立克的感情。佛立克用圆滑而且温和的手段，很快就征服了同事们的心，赢得了同事们的爱戴。

从以上例子中，可以看出佛立克的为人处世之道是多么高明呀！

美国圣路易斯百货商店的总经理就曾采取一种十分巧妙的方法挽留了一位即将被辞退的年轻员工。

那位年轻员工经常和顾客或者和同事作对，他的上司想要辞退他。百货商店的总经理威津逊了解到那位青年和其他的员工格格不入，同事们都不喜欢他、更不愿意和他共事。可是威津逊却看出他渴望上进，因此，威津逊就决定去帮助他。

当天夜班时，威津逊来到丝绸部门，那里有很多存货。威津逊告诉那位员工怎样把这批存货上架、布置，并且还和那位员工讲了许多关于店员应该具备的条件、素质和才能。威津逊后来说：“我只是想叫他知道我是非常信任他的。”第二天上班以后，威津逊把部门经理叫到办公室，叫部门经理对那位员工的布置灵巧进行一番赞扬。

没有想到，威津逊对那位员工小小的指导，对他将来的发展起到了非常大的作用。那位青年员工从此有了做好工作的信心，工作做得很出色，和顾客、同事的关系也变得十分和谐。从此以后，人们对他的印象也大大改观，使他更加增添了与人交往的勇气。后来，这位起初面临着将被辞退的员工居然还当上了丝绸部门的经理。

事实上，威津逊早就知道那位员工的症结所在。那位员工经常与人作对。就是由于他自认为不如别人，因此就装成高傲的样子，来满足自己的虚荣心。

可见，面对这种人，补救的方法就是一定要相信他，对他加以赞颂，并且在恰当的时候送给他一些取胜的机会，使他的自信心建立起来。通常高傲自大的人，常常拥有一颗非常纤细的心。他们急需得到补偿。面对这种人，绝不能采取简单粗暴的方式，应该给他们表现才华的机会，不断地赞颂他们、肯定他们。

还有一种非常自负的人，也就是傲慢骄纵的人。这种人不管来到哪里，总是以“人不如我”的姿态待人。他们自以为别人都比不上自己。他们往往把骄傲之气隐藏在虚伪的谦虚里。如何面对这种同事呢呀？事实上，面对这种同事，赞颂和恭维他其实是一件非常危险的事情。本来他就自命不凡了，你再去抬高他，他就会摔得粉身碎骨。不如下狠心痛揍他一顿，或许会收到意想不到的效果。

14. 如何与犯过错的同事相处

公司里或者单位里，有些同事是犯过错误的人。人们在工作中应该积极地团结他们和帮助他们，让犯过错误的人改正其缺点与错误，彻底放下来自于思想上的沉重包袱，从而变成先进的人，与他们一同完成合作的任务，这就是和这种人交往的主旨。

《千家文》中指出：“交友投分，切磨箴规。”它的意思就是：交朋友的意义一共有三点：第一点是应该情趣相投，彼此关心；第二点是互相切磋，彼此帮助；第三点是互相勉励、规导。这三点不仅适用于普通朋友，同样适用于同犯过错误的同事交往。

大家清楚，犯过错的人，因为他们落后或者犯了某些错误，回到家里有时会挨家人责备，到了领导那里又经常受气，在同事面前又常常受到讥讽，尤其是犯过错误的人还要受到就业的歧视和误解。所以，他们的心理跟常人相比，有着特殊的地方，十分普遍的现象就是非常自卑与非常悲观。

他们渴望的就是大家的理解与信任。假如获得了理解和信任，并且得到了正确的指导，他们往往能够改恶从善；假如得不到别人的理解与信任，长期处在被人歧视的艰难处境中，或许会变得破罐子破摔。所以你和落后者或者犯过错误的同事交往时，首要的一个原则，就是去关心他们，帮助他们懂得落后或者犯过错的原因和给别人带来的伤害，使他们痛下决心，改恶从善；同时，还要主动帮助他们解决一些来自于工作、生活的实际困难。

但事实表明，要想让落后者或者犯过错误者改恶从善，往往很难。在这个冷漠的世界里，这些人对一点小小的刺激就会做出“不信任”的反映，而且抱持否定的态度。

所以，你同这种类型的同事相处的第二个原则，就是用朋友的真诚来赢得他们的信任，接着再想办法点燃他们自尊心的火种。也就是通过某些活动，叫他们表现自己的能力并赢得成绩，一来获得了他们的赞扬，二来叫他们体验到自身存在的真正价值，理解“天生我才必有用”的意思。

不过，拆了茅坑建房子，根基还是挺臭的。落后者以往的落后，犯过错者以前的错误，不但给他们自己留下了惨痛的记忆，同时给受害者也留下了很深的，甚至是永远难忘的厌恶。因此，虽然下决心改恶从善，努力工作，经常做好事，然而周围的人仍然以异样的眼光来看待他们，并没有把他们看成自己人。这一时期，正是落后者或犯过错者处在人生的十字路口上进行挣扎的艰难时期。摆在他们面前的有两条路：或者往前闯，或者走老路。到底选择哪一条路呢？这个时期，正是你和这种同事相处应该发挥第三个原则的时期。

和落后者或者犯过错误者交往的第三个原则，是帮助他们增强意志，打下经受长期考验的思想基础，痛下决心，用几倍于别人的汗水来洗刷身上的灰尘，在人们的面前展示一个新的“我”。在这个时期，人们往往会一时不信任他们，不过对于落后者和犯过错者而言，并不全是坏事。

犯了错误不要紧，要紧的是敢于正视自己，善于总结自己的不足。那些犯过错误而改恶从善的人，往往能发现他人身上的不足，更懂得怎样来防止和改正错误。不过，落后者与犯过错误者在改恶从善的道路上，往往顾虑很多，不敢指出自己的不足，总是保护自己，结果阻碍了其前进的步伐。

所以，和后进者或者犯过错误的同事相处，第四个原则就是帮助他们放下想想的包袱，抬起头做人，勇敢地和不良现象作斗争。如果他们遭到了报复，还应该做他们的坚强后盾，主持正义。

15. 小心流言

流言是长了翅膀的，而且在飞来飞去的过程中，与最初的模样已是大相径庭。遭遇超光速流言的人，往往百口难辩，明智的做法，应该是随时间流逝，让误解与流言在事实中自行消灭。

要问这世上有什么可以与光速相比，那便是办公室里流言的传播速度了，准确地说，过而有之。

就在张婧说新来的部门经理长得很酷，有点像日本的竹野内丰。两个小时之后，整个销售科便传张婧在暗恋“竹野内丰”，于是张婧就被叫去谈话了。

“请坐，”“竹野”看上去虽然不苟言笑但却很有礼貌。“我刚进公司，一切对我来说很陌生，不过大家似乎很热情。”他说到这里意味深长地看了张婧一眼，张婧不明白他什么意思。“我想我有必要自我介绍得更详细一些。首先，更正一下，我叫韩磊新，不叫竹野内丰。”张婧的脸突然红了，心中暗骂不知哪个长舌妇竟然把话传得这么快。

“韩先生，我……”张婧刚要张口解释，就被他打断了，他严肃地看着张婧，张婧的心砰砰狂跳，紧张地望着他，“我已经有女朋友了，我们感情很好……”接下来他说什么张婧再也听不下去了，他说的这是什么呀，她心想，他有没有女朋友与我何干，这话说得也太离谱了，说他酷就是爱上他了？再不解释就跳进黄河洗不清了。

“我想……”

“好了，不说这些了”，张婧又一次被他的话打断：“你是女孩子，我不想让你尴尬，这件事大家就当不知道吧！”

怎么能当不知道？我是冤枉的，张婧心有怨气，可没等她开口，经理又说话了，“下面问你一些工作上的事，有些报表我想知道得更详细一些。”没办法，他是上司，要谈工作就谈吧！

半小时后，张婧将他的问题回答完毕，刚出他办公室的门，便看到同事方云早守在门口。“快快！给我说说，你们都谈什么了？第一次就谈了半个多小时，一见倾心？到底怎么回事？”她脸上的笑容十分诡秘。想起刚才的尴尬，张婧没好气地说：“没什么，他只是问了我……”话没说完，方云便飞一样地跑开了，“怎么了，今天所有人都不让我讲一句完整的话，我有口臭吗？”张婧十分生气。

当张婧回到办公桌，想到蒙受了不白之冤，真是气不打一处来，还哪有心情工作，干脆就趴在桌子上睡着了……也不知道睡了多久，迷迷糊糊感觉到有人推她，睁眼一看，是方云，方云笑眯眯地走了。

张婧看着方云那样子，也懒得理她，开始收拾东西。可是她发现每个经过她办公桌前的同事都将眼睛瞪得大大的看着她。有的同事还对她笑着竖起了大拇指，有的甚至直接开了口：“人不可貌相嘛？该出手时就出手，不错哦。”她还没来得及想清楚，好朋友玲玲已经冲到她身边，用大分贝的音量对她说：“哎呀，我真是白活了这么多年，你小丫头竟如此深藏不露。跟你做了这么多年好朋友愣是没发现你如此厉害。什么时候咱们一块吃顿饭，听说他长得像竹野内丰？”有没有搞错？玲玲不是销售部的，张婧在4楼，她在6楼，连她都知道了？“以为你很保守哩！怎么见人家第一天就KISS了！”玲玲大声嚷道。“什么KISS？谁说的？”张婧几乎要心理崩溃。“得了，连我都瞒？刚才方云告诉我的，她说你自己说的，他吻了你……”

“这不是诽谤吗？等等，让我想想，”张婧气愤地说，“我刚才对方云说‘他问我’，一定被她听成‘他吻我’了，这个八卦女人，整天制造绯闻，烦死人了，我的普通话不至于那么差吧？”

好不容易向玲玲解释清楚了，回到家已经是口干舌燥了。天啊！明天你要面对那么多人，该怎么说呢？干脆用高音喇叭广播好了。

第二天进办公室，张婧脸上一副准备应战的表情，她决定要脸不红心不跳地向大家说明白。可是她觉得今天大家老用怪怪的表情看着她，好像在可怜她似的。还是方云第一个跑到她身边宣布最新消息：“竹野内丰要辞职！他是不是对你做了什么不想负责？想一走了之，没门！我们会帮你的。”“为什么辞职？”张婧还没得到答案，就再次被“竹野内丰”叫进了办公室。

他已把东西收拾好了，很无奈说：“我实在没想到，所以我决定退让，我被你们搞得很惨！”“韩经理，我也很惨，同样是受害者，可以告诉我为什么要辞职吗？”张婧平静地问。

“昨天有人打我手机。我当时不在，那人就在手机上留言：‘吻了别人要负责’，恰巧被我女朋友看到。她现在气得一个人不知道跑哪里去了，我真的……”

听到这里，张婧有点儿“佩服”她的同事们了。“你的决定是明智的，不然会更惨。”张婧安慰着他。

走出办公室，方云又来打听最新情报，这次张婧选择沉默，心里默默为下一个经理祝福。

到了下午，全公司似乎都知道“竹野内丰”玩弄了张婧的感情，然后便一走了之，对这具有夸张放大效果的办公室超光速流言，张婧除了苦笑，还能做什么？也好，为此她得到了一个星期的假期。

办公室里总是有这么一批“乌鸦嘴”，他们让你防不胜防，轻者使你名誉受损，重则使你家庭破裂。对于这些无根据的流言，你必须懂得让时间去消磨战胜它。

16. 小心马屁精

生活中，工作中，总是有那么一些人善拍马屁，碰上这种人千万不要被他的吹捧迷惑，更不要飘飘然，要时刻保持警惕，并尽量与这种人保持距离。

无论在什么场合，总会有那么几个马屁精，其实善于迎拍马之人本也算不上十恶不赦，但如果拍马屁是在贬低他人而取悦另一人的基础上进行，那这个马屁精就极其讨厌了。

刘强就是一个马屁精。刘强最擅长的伎俩是看人下菜碟，见风使舵，只要有利用价值就无所不拍，拍上司，拍有背景的同事。可恶的是他经常拍此人时贬低彼人。

一次他得知新来的同事于佳是公司的老总的小姨子，就巴结于佳说："呀，这件银色外套配上你这件毛衫真是呱呱叫，如果小李穿上就不好看，她没你白，穿衣服又没品位，是地摊服装的烂衣架。"后来这话传到小李耳朵中，气得小李晚饭都吃不下，要不是别人劝说她非要大骂刘强一顿。

别人总是受到他的这种排挤，心里特别愤怒，但又不想与之当面争执。有人漫不经心地对一个爱传小道消息的同事说于佳是腾格尔的歌迷，又说她的男朋友长得高大英俊，另外于佳唱歌最好听，音质极像那英。

很快这些话又传到刘强耳中。第二天，他就给于佳送来一盒腾格尔的专集，于佳连连摆手说："不听不听。我根本不喜欢腾格尔的歌。"刘强一愣，赶快转舵道："其实我也不喜欢他。对了，听说你男朋友是个帅小伙子，什么时候让我们见识一下？"于佳听了有些不悦："我不喜欢谈私事。"

刘强倒是很识相，接着道："晚上有没有空儿？咱们一起去歌厅怎么样？反正是周末，咱们开心唱一夜。"于佳摇头说不去。刘强劝道："去吧，我还对我的同学说你是那英第二，今天要给她带个歌后去呢。"于佳头也不抬地说："你邀请小李呀，我们是高中同学，她可是我们学校的歌后。"

刘强一听不再说话，讪讪地回到自己的办公室，他从于佳的冷漠里似乎明白了什么。

碰上这样的"马屁精"，千万不要被他的吹捧迷惑，更不要飘飘然不知所以，而应时刻小心谨慎，尽力使自己和这类人保持一定距离。以便冷静地观察对方的举止行为，并准确分析对方吹捧你的真实目的。

17. 如何让尖酸刻薄的同事闭嘴

遇见尖酸刻薄的同事，最好和他保持一定的距离，不要招惹他。万一撞上了他的尖刻话语，权作没听见转身走人，要么使用一点技巧，使他有口难开，不敢再惹你。

尖酸刻薄型的人是在公司内很不受欢迎的人。他的特点是和别人争执时往往挖人隐私不留余地，同时冷嘲热讽无所不至，让对方自尊心受损，颜面尽失。

这种人平常以取笑同事、挖苦老板为乐事。你被老板批评了，他会说："这是老天有眼，罪有应得。"你和同事吵架了，他会说："一个巴掌拍不响，两个都不是好东西。"你去纠正部下，被他知道了，他也会说："有人恶霸，有人天生贱骨头，这是什么世界？"

尖酸刻薄型的人，天生得理不饶人，尖牙利嘴。由于他的行为离谱，因此在公司内基本没有什么朋友。他之所以能够生存，是因为大家懒得理他。但如果有一天遭到众怒，他也会被治得很惨。

老张都50多岁了，可就是不懂得自尊自重，在公司同事的眼里他是一位人见人厌的人物。闲暇之时，他总爱和同事们找茬争执，一旦他缠上了谁，就极尽取笑、挖苦嘲讽之能事，使人脸上无光、自尊心受损。

同事小赵是位新进公司不久的年轻人，工作经验不足，在一次和客户联系业务时发生口角，结果被公司经理狠狠批评了一顿。老张得知后阴阳怪气地说：“你这小伙子，我瞅你就不像那么回事儿，那么点儿小事都办不好。怪不得老板收拾你，你还太嫩呀！”

几句话气得小赵脸色都变了，没等到他反驳，老张接着转身对其他同事说：“大伙不知道吧，别看人家小赵工作上不怎么的，可人家搞对象倒挺有本事，昨天我还看见他搂着一个漂亮女孩逛大街、玩潇洒呢。哈哈……”

这时，坐在小赵对面的小夏实在是听不下去了。他站起来，倒了一杯水说道：“是啊，小赵是太嫩了，比不得您老张同志深谋远虑。可您也太幸灾乐祸了，取笑别人很舒服，是不是？您也不想想，从我一进公司您就在现在的位置待着，我都进来五年了，您呢？还是原地踏步，您知道为什么吗？就因为您把时间都用在这张嘴‘练家子’身上了。大家都是同事，同事之间有必要嘴这么损吗？”

几句话说得老张哑口无言，灰溜溜地出去了。

像老张这种人在生活中比比皆是，他们把时间都花在揭别人短处上了，自己的工作又不好好做，是令人极为讨厌的对象。对于这种人，应该以其人之道还治其人之身，让他闭嘴。

第四章
与客户的经济账：多花心思稳赚钱

做生意就是要战胜对手，取得胜利。这其中，你除了要付出自己的努力之外，还必须运用一定的方法。美国著名成功学家特鲁西说过："最聪明的人，总能以最好的方法做出最好的事情。"在这里，我们就来探讨在与客户交往的过程中需要遵循的"会计"准则，以及"精打细算"的方法。

1. 不见兔子不撒鹰

商场如战场，轻则受伤，重则致命。在商业活动中，要谨防骗子撒下来的大网罩住你的视线，为此你需要掌握一些重要的商业交易原则。

在商业活动中，最令人气愤的就是欺骗行为，它不仅骗取你的钱财，同时也打击你在商业活动中的信心。那么如何在商业活动中避免被骗呢？欺骗，首先需要学会识别商业骗子。

某市建材公司的副总经理秦越等二人与北京拓展贸易公司总经理郑某洽谈钢材合同，建材公司坚持要先验货，海天贸易公司方面坚持先交款，结果双方争执不下，不欢而散。

秦越将这一“难题”告知总经理何某。何某不假思索地偕同秦越赶到海天公司，何某见该公司门庭若市，气派非凡，就感到海天公司有来头，买卖大，不会错，便派人立即去筹款。数日后即将36万元巨额汇款单交来。但结果付出了钱却久久不见货，方知受骗。

事后这位姓何的总经理为自己辩解时说：“我是基于两点才敢大胆拍板交款的：一是熟人介绍的关系，对方有批件；二是一方要先看货，一方要先交款，总得有一方先让步才能做成生意。”

我们从这一案件来看，开始一方坚持要先验货，一方坚持先交款，结果不欢而散。如果在这时，建材公司当即停止与其业务来往，即采取了不见兔子不撒鹰的方法，就不会受骗。事情就这么简单：如果对方真有货，验货又何妨？验货决不会将货验走，也不会造成任何损失。既然对方不让验货，可见对方有鬼。而这位何总经理却放弃验货的要求，轻易交出货款。事发后，还为自己开脱。其实，他们是既未见到货，又未看到批件，就轻率做出“退步”，即不见兔子就撒鹰的退步，而造成几十万元巨款的损失！

上面讲的是在初次打交道时不要被表象迷惑，一定要坚持不见货不付钱的原则；而在出售商品时，也应坚持没有把握不售货的方法。报载，某市荣达电子公司曾抓获一名用假支票行骗的犯罪分子，请看他们是怎样防止受骗的：

一天，一名顾客来到荣达电子公司，手持一张空白支票，来购买5台32英寸彩电。营业员小赵按公司规定要其先出示本人工作证、身份证和单位的证明信，同时拿出“顾客支票使用登记卡”让其填写，可这位买主只出示单位证明，在“登记卡”中没填上单位联系电话号码，他声称，本人证件忘带了，单位还未安装电话。小赵由此起了疑心。

小赵将支票收下，去库房提货，过了一会儿，他空手而回，非常歉意地说“你来得很不巧，你所要的彩电才卖完，现已派人去拉了，过两三个小时就到货”，并邀此人下午来提货。

这位顾客走后，小赵找到其使用支票的开户银行，经查对，发现这张支票的用户财务章是伪造的。这位顾客下午又来取货时，将其当场抓获。

荣达电子公司的小赵采取了不见兔子不撒鹰的做法，他坚持按照公司要求让持空白支票的顾客出示工作证、身份证和单位证明信。这些都是确定支票真实的重要依据，即使支票是假的，还能够借此去追查。当小赵看到这位顾客没有证件时，由此起了疑心，但如何才能确知支票真假呢？小赵心生一计，故意说货已卖完，让顾客下午来取。他则利用这个机会，找到其使用支票的开户银行，经查对，发现这张支票的用户单位财务章是伪造的。请看，这种不见兔子不撒鹰的方法，不仅防止了商店受骗，而且将骗子抓获。如果每个商店都能坚持这样做，那么，商店在出售货物时，就不会受骗了。

2. 投其所好，争来公道

无论你的交易对手是谁，投其所好永远是一条不错的战略决策。

曾经有一位精明能干的老太太，有一次她到某大洗染公司里去干洗一件衣服。到了约定时间她去取衣服时，发现洗好的衣服上有一个明显的焦痕。这当然是洗时不慎而造成的，并且发现正是干洗的时候烫焦的。

这位太太无比生气，因为这是一件她原本称心的衣服，这样一来穿在身上就不大好看了，所以她决定向公司索赔。但是那家公司的洗衣单上注明，在洗染时衣服质料受损公司不负责任，争吵多时双方仍然各执一端，无法达成协议，她于是要求面见经理，要跟经理当面交涉。但职员们都推说经理不在，只愿意将她的意愿转告给经理并要她等回音。

一个星期后，老太太等得不耐烦了，再去理论，职员们又玩起老花样，说经理不在，而且说见了经理也不一定会获得索赔。

那位太太气愤至极，她毫不犹豫地闯进了经理室。经理正在房间办公，她在进门时除了愤怒脸色外，还立即郑重道："经理先生，我来不是为了别的，我的衣服被你的职员弄焦了，我要求贵公司赔偿，这套衣服我做的时候花了12美金。"

"对不起，这件事我也知道，但那单上不是明写着不负责任吗？"太太顿时哑口无言。

可是当她抬头时，蓦地看见墙上挂着一根高尔夫球杆，立即灵机一动，换了一种柔和的语气对经理说道："经理先生，你是不是很喜欢高尔夫球？"

"是的，这是我生平最喜欢玩的东西！你一定也喜欢吧？"那位经理一听到关于高尔夫球的问话，立刻丢开了衣服索赔的事。

"我也喜欢！"这位太太索性以球杆为话题来应付他："我近来正在想怎样握球杆才好，经理，你是喜欢佛雨胜握法还是聊锁握法？"

"我吗？对这两种握法都不喜欢，我现在正在研究一种新的握杆方法，那真是好极了！""哦，经理先生，你可以告诉我吗？——不过今天我没有空，我是为我受损的衣服来的，既然你不予赔偿，我只好回家了。至于握球杆的方法还是……""没关系，我们可以多谈一会儿的，不就是一件衣服吗？哦，太太，你的衣服是12美金吗？我开一张支票给你……"说完，经理按门铃叫人进来，开了一张支票给那位太太，并对她说："对于衣服的事不要多讲了，现在还是让我来教你握球杆的方法吧，我可以先示范给你看，喏，就是这样，我深信你若按这种方法学起来，你的球艺一定会大有长进。"

结果，这位老太太，不仅获得了赔偿，还从公司经理处学到了球艺。其根本的原因是这位老太太猜透了经理先生的爱好与性格，初步掌握了他的心理活动，并采取了适当的行动策略。

3. 委曲求全，处理投诉的好方法

常言道："没有不挑剔的顾客。"这对于企业、公司、商店都是个挑战，精明的经营者对此都深信不疑。然而，"道高一尺，魔高一丈"，"一把钥匙开一把锁"，克"敌"制胜的办法总是源于聪明的脑袋。"以柔克刚"也是"商战"中惯用的战术战法。

《老子》第二十二章里有一段话："曲则全，枉则直，洼则盈，蔽则新，少则得，多则惑。"意思是：委曲反而能保全，屈就反而能伸直，低洼反而能充盈，破旧反而能生新，少取反而能多得，贪多反而迷惑。

"曲则全，枉则直"，在人生的战场上，尤其是在生意场上，可以说，每一个立志有为的人都需要有这种能屈能伸的气概。"商场如战场"，在这无硝烟的战斗中，每一位指挥官——生意人不仅需要智慧，而且还应有涵养和风度，要深谙"商场"技巧。

经商，离不开生意洽谈，而在业务洽谈中，僵局是难免的。如果双方固执己见，相持不下，都有"宁为玉碎，不为瓦全"的思想，其结局可想而知。作为一位精明的生意洽谈人应努力保持镇静，设法缓和洽谈气氛或者改变问题，找到双方可能的合作点，求同存异，甚至可以考虑暂时终止洽谈，等待机会，卷土重来。

要打破僵局并非举手之劳，这就需要掌握业务洽谈技巧。"退一步是为了更好地前进"，想方设法与对方建立心理相容关系，缩小或消除双方在心理上的“沟壑”，然后在良好的人际关系中重整旗鼓。

作为生意人，不仅要为顾客提供优质的产品和上乘的服务，更重要的是通过自己的产品和服务使顾客获得某种程度的满足。但是往往事非人愿，并不一定所有的顾客都对产品和服务心满意足，被那些不满足的顾客抱怨和指控是经常会发生的，也是不可避免的。所以，一个具有远见卓识的经营者不但在经营方面有其奇招和怪招，而且在处理投诉方面更要懂得“委曲求全”的道理。

有一个生产系列美容品的工厂，一天，一位不速之客怒气冲冲跑进工厂，指手画脚地对张厂长说：“你们的美容霜干脆叫毁容霜算了！我18岁的女儿用了你们厂的‘美容霜’后，面容受到严重的破坏，现在她连门都不敢出。我要控告你们，你们要负起经济责任，要赔偿我们所受的损失！”

张厂长听完，稍加思索，心里明白了几分，但他仍诚恳地道歉：“是吗？竟发生这样严重之事，实在对不起您，对不起您的女儿。不过，现在当务之急是马上送您的女儿到医院治疗，其他的事我们以后慢慢再说。”

那位不速之客本想臭骂对方一顿出口窝囊气，万万没想到厂长不但认真，而且还挺负责的。想到这里，他的气消了一些，于是在张厂长的亲自陪同下，带他的女儿去医院皮肤科检查。

检查的结果是：女孩子的皮肤有一种遗传性的过敏症，并非由于美容霜有毒所致。医生开了处方，并安慰她，说不久便会痊愈，不会有可怕的后遗症。

这时，父女俩的心才放下来，他们对张厂长既感激又敬佩。张厂长又说：“虽然我们的护肤霜并没有任何有毒成分，但小姐的不幸，我们是有一定责任的。因为虽然我们产品的说明书上写着‘有皮肤过敏症的人不适合用本产品’，但小姐来购买时，售货员肯定忘记问她是否有皮肤过敏症，也没有向顾客叮嘱一句注意事项，致使小姐遭此麻烦。我为厂里职员的失职向小姐道歉，并希望得到原谅。”

小姐听到此语，再拿起美容霜仔细一看，果然包装盒上有明确说明哪几种人不能用，只怪自己没详细问清或看清就买来用了，心中不禁有些懊丧。同时也为自己对厂里的误会深感惭愧。张厂长见此情景便安慰她："小姐，请放心，我们曾请皮肤科专家认真研究过关于患有过敏症顾客的护肤问题，并且还开发设计出好几种新产品，效果都很好。等你治愈后，我再派人给你送两瓶试用一下，保证以后不再出现过敏反应，也算我们对今天这件事的补偿。先生、小姐，你们意见如何？"

结果自然是向好的方面发展了。

经商者，总是少不了要面对客户投诉，是据理力争得罪客户，还是委曲求全给客户留足面子？精明的商家总是能把握客户心理，使合作继续。

4. 攻心为上的取胜战术

常言道，说话要说到对方的心里去，交易是与客户之间的交流，说得再多，说不到点子上就是徒劳，所以一定要抓住客户最关心的问题。

一个房地产商出卖房子，每套标价1000万元。同行都说要价太高了，肯定不好出售，他什么都不说，只是笑了笑。当买主来论价时，这位卖主很爽直地对买主高谈阔论：

“现在利率降低了，国家和银行放款额度提高，信用融资简易。‘捷运’快完成，六年‘国建’动工，人民币在黑市上已降了许多，整个消费动荡起来了。经济行市也看涨了，物价也可能要涨起来——这是中央某部门经济头头透露的……”

买主根本对这些一无了解，所以也就听得云里雾里，但有一点他可是听明白了，那就是物价要涨，房地产也要涨，于是买主就有些心慌。他原在心里拟定的价格为800万元，经过卖主的一番“形势分析”，他犹犹豫豫地从嘴里蹦出了言不由衷的价：

“880万元，如何？”

房地产商心里一阵痛快，但他既没有表现出来，也丝毫不留情：

“当然不行。”

卖主坚定的语气是对买主心理的再打击，使他已失去了对原价位的信心，并且觉得自己开出的价一定太不合理了，于是他又言不由衷提高自己的价：

“950万，怎么样，够意思就成交？”

房产商心里痛快极了，他知道机不可失，也没有废话：

“好吧，就这样，我看老兄也是一个爽快的人。”

所以，买卖交易非仅限于价格，感觉起着很大的作用。而商人撒谎所产生的效果也就在于影响你的感觉。谁也不笨，在不知道底细的情况下，谁的感觉也都不稳。

卖主经过由相处、交谈，进而使买主滋生满足感，那么生意成交的可能性就大了。

同样的产品，同样的价格，为何会舍甲而取乙呢？如北京燕莎商场，价格似乎高得出奇，却每天人拥人挤，熙熙攘攘，贵人富人满门，为什么呢？首先的一点是燕莎商品高贵、典雅的名声已经树起来了，那些阔佬本就不在乎那几千上万元的钞票，他们就是冲着燕莎的名声而去的，说穿了，也就是：“大爷我满意，老娘我高兴。”这商场已经占据了他们的心。

这些巨头到这里来的目的是为了争夺石油富国沙特阿拉伯在其东部兴建大型油港的工程，这项预算总额为15亿—20亿美元的工程当然引起了世界各大承建公司的垂涎，包括号称“欧洲五大建筑公司”的德国“莫力浦·霍斯曼公司”，英国的“塔马公司”，荷兰的“史蒂芬公司”，还有美国、日本等国家的头号建筑公司，以及韩国郑周永率领的现代化建设集团。可是最后的结果却令全世界人民大跌眼镜。没有谁会料到这项“世纪最大工程”的胜利者居然是当时最不显眼的韩国郑周永领导的现代化建设集团，而且是运用“计谋”战胜各路高手的，这令商界着实惊讶了一番，且使那些高手惭愧不已。

郑周永的技巧运用在投标上。当时按规定，中标者需交工程投标价格的2%的保证金。郑周永为此故意找到与欧洲建设集团有联系的大韩航空公司社长赵重勋，故意向他借钱。

赵重勋一向知道现代集团财大气粗，他明白郑这次来借钱是为了这个工程，便故意问：

“有什么紧急的事？我当然会尽力帮助老朋友的。”

“唉，还不是为了那1500万元保证金……”

郑周永却故意装着失口而“闸”住的样子。

一时间，欧洲各大建筑财团纷纷根据这一“情报”。开始在郑周永的投标报价上做文章，并且判定郑周永的投标报价可能在20亿—25亿美元左右，他们决定自己的标价一定要超过25亿美元。

在竞标之前，郑周永仔细地分析了阿拉伯人的心态，他认为阿拉伯人靠石油发了大财，他们不仅不会在乎报价的高低，甚至还会为那些报高价故意炫耀而气愤。阿拉伯人注重实力和踏实。因此，郑周永经过分析和借鉴国外建设工程价目表，初步拟定采用“低价细计”的方针。

郑周永对初始报价12亿美元先后进行了25%和5%的两次削减，最后定为8.7亿美元，并为该工程制定了长达200多页的计划。

1976年2月16日，在沙特阿拉伯的首都利雅得，一项决定现代化建设集团以后辉煌的中标产生了。

当沙特阿拉伯杜拜海湾油港招标仲裁委员会最后宣布现代化建设集团以8.7亿美元的报价得到了当时本世纪最大工程的招标合同时，在场的那些报标价在20亿美元以上的世界大建筑公司的老板们都像中了什么法术似的惊呆了。

对于这个报价，西方的所有强劲对手都觉得受了郑周永的骗，然而恼羞成怒的他们也只能不情愿地看着那边正举杯庆祝胜利的郑周永与他们现代化建设集团的同事们，在一阵骂骂咧咧的气愤中，他们只能垂头丧气地离开投标现场。

郑周永的攻心术运用得恰到好处，8亿美元和20亿美元的差距一下子就使现代化建设集团突现出来，加之详细周密的施工计划，使得阿拉伯人充分相信现代化建设集团的诚实，而衬托出欧洲建设公司只想得到工程赚钱的目的。

5. 巧用软性套牢法“杀价”

在商业谈判中，如能了解对方所能忍受的极限，而且自己所提的条件又尽量靠近对方所能接受的极限，“在最痒处的旁边搔痒，”则对方就会沉默思量，这时再加强说服，动摇对方的想法和决心，以最好的价格成交，岂不是为自己争得了最大利益吗？

商业中常用的“软性套牢法”，也是应对难缠客户的常用方法，就是先入为主，在时机成熟时，对方已经跑不掉了。

杀头的买卖有人干，赔钱的生意没人做，在商战中，谁不想尽可能多地去挣钱呢？

在汽车行业里，一辆进口汽车进价是100万元，经过整理、打蜡、修补烤漆后，开价150万元，照说这个价也说得过去。但等到具体的交易时，情况就又不同了。

这辆车的进价被人偷偷地泄漏出去了，于是一名知道底细的顾客来到车行里，在经过试车后，客户表示满意，双方开始议价。

客户出价95万元，卖方不愿卖，并让他参考别的同类车价。客户不同意，于是双方暂停议价。

过了几天，买方再来光临，声称自己已经了解了别的同类车价，都差不多，并加价10万元，同时客户声明：这个价钱再不卖，他就放弃，绝不再加价。这一来，卖方还真有些犹豫了，但他也不会亏本去卖这辆车，于是，双方又没谈成。

几天后，客户再一次来到这里，他直截了当地对卖主说："我很希望能买到这辆车，所以我不辞辛苦且不顾面子再三到这里，我不想多谈价，我再加10万元，这绝对是最后的议价，不成，我以后不会再来了。"

这时，在卖方的心里已经形成了买主确实是真心实意地想买的看法，并且也想到这也许是买方提出的最高价，一般的情况下，买方不可能再加价了。在这种有了先入为主的心理作用下，卖方暗暗盘算："这个价格太勉强，卖了，没啥利润；不卖，囤积产品，现金无法周转运用，还得还利息，似乎更不划算……"

客户见机又说："我知道老板你够意思，以后换车。买车，还会到这里，希望你做一个长久的打算，不要做关门生意。"

这样一说，卖主的心完全放开了。于是，10分钟后双方决定以115万元拍板成交。这位顾客接过车不久，马上以130万元的价格转手给了别人，自己从中净赚15万元。

这位顾客兼商人是很精明的，他利用自己知道底价的优势，装出一副诚心诚意的样子，很微妙地影响了车主的心理，他慢慢地加价，慢慢地引诱车主，最后车主身不由己言不由衷，只好投降了。

当然，车主也没有亏本，他之所以最后愿意卖，因为他也想早点收回资金。而那位客户把握的时机很好，看出车主有卖的意思后，马上就用言语把他拴住。

计谋有阴谋和阳谋之分。阴谋施行的前提是向对手行骗施诈，事先不能让对方摸清真正用意，也就是贬义上的阴谋诡计。此种计谋多半用于对敌斗争中；而阳谋的特点则是光明正大的智慧和巧妙方法，这种计谋更适合于处理非敌对矛盾关系。

在商业经营中，你会觉得大部分客户都很难缠，但你又无法回避与客户或顾客之间的关系。这种关系非敌对关系，但也不完全是"同志"关系，因此阴谋、阳谋都有用武之地。

6. 采用迂回战术曲线诱导

谈判时，避开对方正常的心理期待，从一个对方认为不可能的地方进行突击，这就非常可能让对方的思维、判断脱离预定轨道，等到对方的心理逐渐适应你的思维逻辑，再转而实施正面突击，常常会出现“山重水复疑无路，柳暗花明又一村”的奇迹。

广东玻璃厂率代表团与美国欧文斯公司就引进先进的浮法玻璃生产线一事进行谈判。双方在部分引进还是全部引进的问题上陷入分歧，我方部分引进的方案美方无法接受。这时，我方首席代表虽然心急如焚，但还是冷静地分析了形势，聪明地将直接讨论变为迂回说服。

“全世界都知道，欧文斯公司的技术是第一流的，设备是第一流的，产品也是第一流的。”我方首席代表转换了话题，先用三个“第一流”诚挚而又中肯地称赞了对方。

“如果欧文斯公司能帮助我厂跃居中国的第一流。那么中国人民都会感谢你们。”

刚离开的话题，此时，似乎又转了回来，由于前面的迂回已解除了对方心理上的对抗，所以对方听到这些话时，显得顺耳多了。

“美国方面当然知道，现在意大利、荷兰等几个国家的代表团，正在同我国北方省份的玻璃厂进行引进生产线的谈判，如果我们这个谈判因一点小事而归于失败，那么，不但是我们广东玻璃厂、更重要的是欧文斯公司将蒙受巨大的损失，这损失不仅是生意，更多的是声誉。”

这里我方代表没有直接提到谈判中的敏感问题，也没有指责对方缺乏诚意，只是用“一点小事”来轻描淡写，目的是冲淡对方对分歧的过度关注；同时，指出万一谈判破裂将给美方造成巨大损失，替对方考虑，这一点，对方无论如何是不能断然拒绝的。

“目前，我们的确因资金有困难，不能全部引进，这点务必请美国同行理解和原谅，并且希望在我们困难的时候，美国同行们能伸出援助之手，为我们将来的合作奠定一个良好的基础。”

经我方代表的迂回说服，据理力争，僵局打开了，协议签订了，为我国节省了几百万美元的外汇。

谈判中的迂回和曲线诱导，并不是信口开河，想到哪里就说到哪里，无论怎么迂回，都离不开讨论的主题，而要持之有据，言之成理，诱导中所提及的各种理由，估计是对方没有考虑过的，或至少是考虑不周全的，这样，说出来的话才有“信息量”，才会引起对方的注意。迂回进攻应随时抓住那转瞬即逝的战机。在将对方引入一个左右为难的处境之后，主动出击，这样才能增强战斗力；同时，态度要始终充满自信，当谈判双方在某个问题上争执不下时，自信加技巧，是胜利的因素。

7. 警惕“大生意”背后的“大阴谋”

在市场竞争日益激烈的情况下，有的商家运用计谋造成假象迷惑对方，使之放松警惕，然后出其不意，攻击不备，进而取得胜利。对于这种狡猾之人一定要坚守底线，认清其真实目的，防患于未然。

与“做一笔大生意”为诱饵相比，“美人”不过是小巫见大巫罢了。

苏联人常常要求美国公司提供技术方面的详尽资料，或让前苏联“专家”进行“考察”，理由是他们需要了解美国公司的技术是否先进，然后才能谈生意。可是，一旦他们取得足够的技术资料，就随便找个借口使交易告吹，或顶多只做一笔小买卖敷衍了事。

有些美国公司为了在前苏联市场上得到一个立足点，就不计后果地满足前苏联方面的要求，结果是白白地向前苏联提供宝贵技术资料，生意却是一场空。真可谓“赔了夫人又折兵”。

1973年，苏联曾在美国放风说，它打算挑选美国的一家飞机制造公司，为其建造一个世界上最大的喷气式客机制造厂，该厂建成后将年产100架巨型客机。如果美国公司的条件不合适，他们就和西德或英国的公司去做这笔价值3亿美元的生意。

美国三大飞机制造商——波音飞机公司、洛克希德飞机公司和麦道飞机公司闻讯后，都想抢到这笔“大生意”，分别和苏联方面进行私下接触。苏联方面在这三家公司之间周旋，让它们互相竞争，更多地满足己方的条件。

波音飞机公司为了第一个抢到生意，首先同意苏方的要求：让20名苏联专家到飞机制造厂参观、考察。苏联专家在波音公司被敬为上宾，他们不仅仔细参观飞机装配线，而且钻到机密的实验室里“认真考察”。

他们先后拍了成千上万张照片，得到了大量的资料，最后还带走了波音公司制造巨型客机的详细计划。波音公司热情送走苏联专家后，满心欢喜地等待他们回来谈生意、签合同。

岂料这些人一去再不回头。不久，美国人发现苏联利用波音公司提供的技术资料设计制造了伊留申式巨型喷射运输机。这种飞机的引擎是英国的劳斯莱斯喷射式引擎的仿制品。

使美国人感到纳闷的是，波音公司在向苏联方面提供资料时留了一手，没有泄露有关制造飞机的合金材料的秘密，而苏联制造这种宽机身飞机的合金，是怎么生产出来的呢？波音公司的技术人员一再回忆、苦思冥想，才觉得苏联专家来考察时穿的一种鞋似乎有些异样。机密的泄露果然就是出在这种鞋上。

原来，苏联专家穿的是一种特殊的皮鞋，鞋底能吸住从飞机部件上切削下来的金属屑。他们把这些屑末带回去做了分析，就得到了制造合金的秘密。

1974年，苏联又以建造一家电脑工厂为诱饵，和美国控制资料公司签署了一项意向协议。根据这项协议的条款，双方共组成了9个联合工作小组，分别详细讨论“有关技术、设备和生产方法”。苏方人员在讨论中没完没了地提问题，美方人员不厌其烦地答复、讲解。

最后，控制资料公司还向苏方提供了很多技术资料。谁想到，讨论一结束，苏方就撕毁了协议。

类似的“大阴谋”，的确应该引起足够的注意。生意场上一失足即成重大损失，引起的经济损失是不可估量的。所以，一定要警惕客户合作面纱下的骗局。

8. 防范“明修栈道，暗度陈仓”的诡计

在商战中，商家要时时提防对手的迂回进攻，防范其“明修栈道，暗度陈仓”的诡计。

1969年，日本决定发展摩托车，经过反复讨论而定下最佳方案，走出去搜集有关技术情报。就这样，日本1200余名有经验的工程技术人员出发了。

“我们日本要发展摩托车，有可能请你设计，也可能向贵厂订购产品。不过，请先介绍一下贵厂摩托车的优点，并让我把样品带回去以便我说服我的上司。”这些日本人每到一个工厂就这样询问、恳求厂主。

在日本人极诚恳、友善的态度下，这些工厂主十分高兴，无保留地把最先进的技术告诉了他们，有的还把日本人带到车间、实验室参观。

短短的一年内，200余名日本人走访了全球80多个工厂，并带回了100多辆各类先进的摩托车。日本人将这些技术、样品、资料整理、研究，集中优点，重新设计，并建立了自己的工厂。

两年后，一种轻便、省油、耐用、便宜的摩托车问世了，这时被日本人“访问”的厂家才猛然醒悟。可惜，太迟了！

看了这个故事，你掌握了识破间谍的一招——走访、聘请、订购，即明修栈道，暗度陈仓。此招是诱导我方按正常的商业活动原则来判断对手行动意图，以达到不可告人的目的。需要提示的是：窃取技术的人往往制造一种气氛来分散我们的注意力。

第五章
与朋友的谨慎账：免被朋友撞伤了“腰”

有人以为，作为朋友就应该有福同享，有难同当。那可未必。现实生活中，在金钱与利益面前，能有多少人不为之折腰？又有多少人曾经或正在做着卖辱求荣的事？所以在与朋友的交往上，我们应慎之又慎，认清“朋友”的庐山真面目，警惕“友善”背后的阴谋，以免被“朋友”利用欺骗却不自知。

1. 不要轻易对朋友掏心窝

永远都不要推心置腹地把你的隐私告诉嘴上无锁的人，否则这就好像在你身边埋了一颗地雷，没爆炸的时候风平浪静，可假如有一天爆炸了，你就彻底完蛋了。

我们对待朋友往往是很真诚，把心里面的话说给他们听。但是如果你的这位朋友是个嘴上无锁的人，你将会面临什么样的局面？

张林是一个非常开朗非常坦诚的人，对朋友总是敞开心扉，无所不谈，所以张林的社交圈比较广。上大学时，有一个比张林低一届的师弟，由于他们的性格、志向以及家庭等方面的情况都非常类似，所以他们成了“亲密无间”的好友。

张林毕业后，回母校时又遇到他的师弟，师弟向他请教一些职场上的事情，而张林也“好为人师”，毫无保留。巧的是师弟毕业后竟然也进了张林所在的单位，而且是同一个部门。张林想：这下好了，“上阵父子兵，打仗亲兄弟”，他和师弟一定可以携手创造出优异的业绩。工作上的问题张林和师弟一起讨论解决，复杂些的事情他们先分工，最后一起合作，经常工作到凌晨三四点。他们的精诚合作创造了优秀的工作业绩，张林和师弟都受到了上司高度的重视和好评。

那天晚上，又是只有张林和师弟两个人在办公室作战，又一次在规定的时间内完成了同行看来“不可能完成的任务”。时间晚了，不想回家，两个人索性就到一家酒馆喝酒谈心。毫无戒心的张林向师弟诉说了他准备工作两年，攒些钱再申请出国深造，创立自己的事业。师弟也欣然表示支持。

后来，张林意识到上司对他和师弟的嘉奖不再一视同仁，师弟明显比自己更加受到器重。张林开始不解，找上司谈话，上司开始闪烁其词，后来终于很坦诚地说公司愿意把更多的锻炼机会给那些愿意在公司长期服务的员工。

张林开始反思，终于明白是师弟向上司“汇报”了自己的私人打算，才使得谨慎的上司对自己的忠诚度产生了不信任。

张林非常明白自己在公司再耗下去也无益，这里已经没有了自己发展的前途，于是断然提出辞职，到了另一个公司。从此张林悟出了一条真理：“办公室里没有朋友。”

现在的张林学会了和别人“下棋”：在细节上保护好自己，不去深入了解别人，免去许多不必要的烦恼；不让别人了解自己的私人生活，时时注意保护自己，话题一涉及个人事宜就有意撇开。不再参与他人之间的互相了解，办公室成了绝对的“办公”的场所。周围的人也有相处得不错的，但是张林不敢也不允许自己再把私人感情加到对方身上去；也许可能会从同事发展到朋友，但那一定是已经不在同一个单位了。

古人流传下来一句话：“在家靠父母，出门靠朋友。”朋友间称兄道弟、推心置腹、惺惺相惜，一方面体现彼此的尊重和平等，一方面编织互助合作的纽带。因此大多数人都希望交到更多的朋友，也希望别人能像对待朋友一样对待自己。应该说，这是人之常情，出发点和愿望都是美好的。但是如果把心里的隐私告诉给那些嘴上无锁的人，则是错误的。

2. 对朋友的无理要求说“不”

巧妙的拒绝，是伴随你成功的一把小钥匙，不妨经常磨磨它，免得生锈了。

生活中有着许许多多的“怪圈”，明明是对于你有利，你总断然否决，明明这人不适合于你，你又碍于面子，难以拒绝接受，明明是你不愿做的事情，在别人的盛邀下，只好勉强而为之……

唉！拒绝真难！

社会发展的轮子辗碎了无数公正和直率的骨骼。利用别人和自己，搭起了一张张人情交织的关系网，互相利用，互相“照顾”。于是面子将不足盖住了，缺点被“人网”淹埋了，面对着你不愿要的人、不要做的事，你瞻前顾后，左右权衡，竟难以说出一个“不”字。

拒绝真的这样难吗？我们如何走出人情关系的误区，巧妙地不损坏面子又说出“不”字呢？

堪称涉世老手的朋友小李承包经营着一家新技术开发公司。几年来，市场瞄得准，技术开发战略决策恰当，科技人员力量雄厚，经营管理科学，使得企业产值和利税大幅度上升，经济效益极好。因而引得许多人都想往这个单位钻。

一天，他的一个老朋友打来电话，想给他推荐一个职员，问他能否接收。小李能有今天的成就，全仰仗当初这位老朋友的提拔，因此小李一直对这位朋友尊崇有加。对于老朋友的这件事，小李碍于面子，不好拒绝，就让朋友带着求职者来面试。面试结果，发觉很不理想，进入公司吧，养了个庸才，而且会造成公司进人制度破坏，进人口子过大过松，影响公司长远发展，不接收吧，老上司以前待自己不错。于是，小李愁眉苦脸地来找朋友叙苦。

朋友问清情况后，给他提出了以下三点建议：

（1）事情要从大处、长处着想，不要碍于面子，应当果断拒绝。

（2）要摆明单位实际情况，让老上司及求职者明白不接受的客观原因。

（3）果断拒绝并不是毫不留情面，要顾全老上司的面子，以免伤人自尊和和气。

两天后，小李高兴地打电话过来，告诉朋友他拒绝的办法和效果。小李首先请老朋友和那个求职者参观了解一下公司工作室各人员忙碌的情况和做事的难度，以及进人规章制度。接着向老朋友讲述了在老朋友以前指导下的发展情况，今年的承包合同指标。“老朋友，前几年，在你的领导下，公司发展很快，公司上下都非常感谢你的理解和支持。去年年初，我们按照你的建议修订和加强了管理制度和岗位用人制度，效果非常好，希望你能继续指导。对于你介绍的这个小伙子，所学与我们不对口，公司研究没有通过，也是怕影响今年的承包指标完成。如果有别的适合单位的话，可先告诉我，我再想办法让他去试试。老朋友，你看这样好吗？”

的确，小李通过让他们了解实际情况，明确地说出事实，“开诚布公”地拒绝了，即使不拒绝，求职者也很可能会畏缩。小李以老朋友建议而定的制度，即大大恭维了老朋友，给了他很大面子，同时又以制度和合同指标给老朋友自己指出了“两难”境地。此外，以本单位不适合，还有别的单位可能接收，留给对方一个后路。这种拒绝法真可谓洞察人性、巧布拒绝网局。

从这个例子可以看出，要巧妙地拒绝应该做到：

（1）让对方了解实际情况和难处，开诚布公地拒绝，使对方相信你的真诚。

（2）要给对方留下面子，切不能伤人自尊。别人之所以来你这里求职，一方面是你公司的发展前景；另一方面也是公司的声誉。拒绝对方而不留面子，不仅会破坏你们的关系，而且也会影响整体声誉。影响公司招纳贤才的礼让形象。所以绝对不能以伤人自尊的方式拒绝对方。

（3）力求使对方释然、高兴地退下。让对方感觉到公司的发展也有对方的一份力量（虽然不是公司职员，但局外人的支持和帮助也是难能可贵的），这使得公司增强了一份社会力量。

（4）此外，要在时间、地点上注意选择拒绝方式。一个原则是当拒绝一定要及时，要及早拒绝，坚决不拐弯抹角地拒绝，好让对方有所准备，避免招致对方的错觉和不必要的麻烦。

诚然，拒绝朋友的要求总会有些不安，但是为了公司利益你又不能不拒绝。那么巧妙地布置，把交际当舞台，安排好拒绝的主角和配角，就会使拒绝成为一门创造性的人际交往艺术，于是你达到了你的目的，也避免了造成关系的僵化。

3. 避免被朋友拉下水

在当今这个遍地是“朋友”的社会，你一定要擦亮自己的眼睛，认清谁是你真正的朋友，要小心被那些有不良用心的人拉下水，那将是无可挽回的错误。

在现实生活中，任何人都要和他人进行各种各样的交往，在交往中就不可避免地会有亲疏远近之分。来往比较频繁，相互感情比一般人亲近，互相帮助较多的人就有可能发展为朋友关系。由于人们的兴趣、爱好各不相同，所以朋友也有许多种类型。正所谓“人上一百，形形色色”。人人都希望能够交上知心朋友，知心是重要的，你知道我的思想，我知道你的想法，互相关心、互相帮助、共同进步，这是知心朋友交往的主要内容。但是，所谓的知心朋友，他还必须是善良、坦荡、无私的，如果所结交之人品行不端，即使他对你再好也是不可交往的。

随着市场经济的不断发展，人们在各方面的交往也变得十分频繁、复杂，对结交朋友的数量、质量等方面也有了更高的要求。

也许你需要朋友，你尽管去结交，但你必须知道：你为什么要结交朋友？需要结交什么样的朋友？如何选择朋友？在结交朋友的过程中必须注意哪些问题？只有这样，你才能保证所结交的朋友对你会有所帮助，不至于因择友不慎而招致麻烦和灾难。

正因为人们所结交的知心朋友对人的一生都会产生很大的影响，所以交友必须注意择友。可是，朋友遍天下，知心有几人？知心不知心，只有通过一些具体的事例或时间过程才能看得出来。例如，在顺境时，几乎人人都乐意做你的朋友，愿意锦上添花，称赞颂扬你；当你在逆境时，能够做到雪中送炭的人恐怕不多了，“门前冷落车马稀”，就是这种情况的生动写照。对于这种现象，有人认为是社会风气不好，有人认为是朋友不讲义气，有人认为事情本来就是这样。可是无论怎样评价，其中都有择友不慎，误把一般朋友作知己的因素。

有的人为了达到不可告人的目的，必须借助他人的违法行为来进行。或拉人下水，或逼迫他人就范，为自己的非法目的服务的最好手段就是“交朋友”。某报以《他把灵魂交给了魔鬼》为题报道了这样一个案例：我国某工业自动化研究所研制出一项新成果，在国际上处于领先地位，并能创造出巨大的经济效益。这一信息被某国一家大公司得知，他们迫切希望得到这项技术，于是派出一名工业间谍皮某到该研究所盗取资料。皮某利用合法的身份作掩护，绞尽脑汁寻找机会。经过一番斟酌思量，最后他把切入点放到该研究所的助理研究员韩刚身上，并通过多方策划安排，亲自参加了韩刚的研制工作。

韩刚是刚参加工作不久的研究生，年轻干练，好结交朋友。皮某先是通过他人引见认识了韩刚，然后又通过请韩刚吃饭玩乐、赠送礼品等手段同其拉近距离，取得了韩刚的好感。一段时间以后，二人经常在一起出入酒吧、高级舞厅，当然一切花费都由皮某承担。后来二人成为非常要好的朋友，韩刚对皮某无话不谈，他抱怨自己工作十分辛苦，贡献很大，待遇却很低，参加工作都好几年了，所里竟然连一套住房都没有分给他，他觉得自己在这个地方再没什么前途了，所以很想离开研究所。皮某见有机可乘，马上添油加醋地说，在外国像韩刚这样的研究人员早已经是房子、车子、票子样样齐全不愁了，然后又介绍外国的生活多么幸福，条件多么好，并表示愿意全心全意帮助他摆脱困境。韩刚十分高兴，马上恳求皮某尽快帮忙。皮某见韩刚已经上钩，便旁敲侧击地提出条件，只要韩刚把一项科研成果的资料弄到手，就可以安排出国。

韩刚一听，发热的大脑马上清醒了几分，他很清楚这意味着什么，傻子都知道这是泄露国家秘密的犯罪行为。他先是否定了皮某的条件，皮某并不甘心退却，一再地吹风说在中国埋没了多少人才，又有多少人出国发达了起来。最终韩刚还是没经受住皮某的利诱，横下决心盗窃科研资料。一天晚上，韩刚利用机会，用皮某交给他的摄像机偷拍了资料，而后交给了皮某。就在皮某和韩刚为此举杯庆祝时，一张大网正在向他们罩下来。三个月后，韩刚被某市中级人民法院依法判处有期徒刑五年。直到这时，身陷囹圄的韩刚才意识到这位朋友的真正用意，可是，等到他醒悟时已经太晚了。

结交朋友不能看成是一件简单的事。人人都希望结交好朋友，但这只是愿望，需要你在结交朋友时认真观察，切不可粗心大意，这不是对朋友的不信任，相反这是一种十分负责的行为。否则，你可能会因为一时不慎结交了坏朋友而造成终身遗憾，而且一旦造成不良后果，则是无论如何也挽救不回来的。

4. 小心朋友之间的钱财问题

当在朋友之间已经和正在产生较大的经济利益关系时，则不要忘记“好朋友还须清算账”，采取适当的方法，互相尊重对方的权益，商妥处理相互经济利益关系的原则和方法，把权利、义务关系弄清楚。

友谊是在想法、兴趣爱好上的一致以及事业理想上的有共同追求的人之间建立起来的。经济上的互助是友谊的派生物。俗话说得好，“交义不交财，交财两不来；要想朋友好，银钱少打扰”。

朋友之间，礼尚往来，互赠一些物品，或者在适当的时候在一起吃饭喝酒等，也是情理之中的事。但是如果有人认为“因为是好朋友，在经济上就可以不分你我”，那就错了。

所谓朋友，不但在政治上有共同的理想，在事业上有共同的追求，在生活中有基本一致的趣味，而且在经济上，应该互相帮助。把友谊建立在金钱的基础上，就好比把大楼修在沙滩上，这种友谊是不牢靠的；而且这样的友谊不是真友谊，而是假友谊。如果在朋友交往中，在经济上长期不分你我，有饭大家吃，有钱大家花，那样必然带来许多恶果。

首先，会使纯洁的友谊蒙上金钱拜物主义和物质至上主义的灰尘。天长日久，就可能使朋友之间的平等关系变成经济上的依附关系，友谊变质为金钱交易。

其次，由于物质至上主义的侵入，朋友之间平等的关系还会被金钱交换关系所代替。这时，被金钱腐蚀了的“友谊”就可能变成掩盖错误甚至包庇违法犯罪行为的“保护伞”；经济上的不分你我，就会演变成不讲原则，不分是非。

最后，因为受金钱腐蚀，“以财交友，财尽则交绝”，最终友谊也会变质。

但这并不是要朋友之间免提金钱，实际情况是，朋友之间，免不了要牵涉到经济问题。比如，请客吃饭。这是一个礼尚往来的事情，朋友之间为了增进友谊，加深了解，一起吃吃饭，娱乐一下都是很正常的，甚至一起出去旅游，尤其年轻人喜欢结伴旅游。这种情况下，一定要表现得大方一点，因为没有人愿意同小气的朋友来往，你算计我，我算计你，这种友谊是长久不了的。当然，现在都很时兴AA制，一副亲兄弟明算账的架势，这样最能获得大家的认可，但要注意的是，有些人不喜欢AA制，觉得这样疏远了感情，那么就要事先沟通好，要将AA的形式提前提出来，在获得大家的一致认可（至少是绝大多数人的认可）后才能执行。再比如，婚丧嫁娶，这是具有中国特色的人情礼。曾经有媒体反映，中国家庭一个月的人情礼钱就要高出平均收入，这在外国人看来是不可思议的，也许这就代表了“礼仪之邦”的特点吧，遇到红白喜事，作为朋友、亲戚、同事，都要表表心意，尤其是朋友，随着关系的远近还轻重有别。虽然这些行为有些虚伪俗气，但这也是人际交往的一个重要方面。所以，朋友之间既然免不了这个“俗”，就一定要把握好这个度。首先是不能超出自己的经济承受能力，量入而出；其次要考虑到对方的经济条件，因为中国人都知道这些人情礼都是要“还”的，千万不要因为送礼让自己和朋友背上了包袱，那样对友谊也是一个暗伤。

借钱在朋友之间也是一个敏感的问题。朋友之间，往往是一方不好意思开口，另一方呢不好意思拒绝。处理这个问题，作为借钱的一方，开口前要想到，能否想出别的办法，向银行贷款什么的；对方的实力如何，借钱给自己是否有难处；自己的偿还能力怎么样，可以向对方承诺多长时间内一定还清（承诺了就一定要兑现，否则就没有下次的机会了）。而借钱出去的朋友，一旦朋友开了口，碍于面子又不好拒绝，除非真的是大款，否则在自己的能力范围之外借钱给别人还真是比较为难。这时，你就应该考虑清楚：首先这个朋友是不是守信用的人，再好的朋友也应该有道德约束，品质不好的人本身就不值得你为借不借钱给他而发愁；然后是自己的实力，是否真有这样一笔闲钱，还是要从自己的开支中省出，如果是省出来的钱借给别人，就要问问自己愿不愿意，还要考虑家人的感受；考虑对方的还钱能力是无可厚非的，自己辛辛苦苦挣来的钱当然要花在刀刃上，肉包子打狗——有去无回的借钱是绝对不能答应的。如果朋友已经犯过一次这样的错误，绝对不要再给他第二次骗你的机会，借钱不还的人终归是没有信用，对于这种不值得一交的朋友，要果断地拒绝。

应该肯定，朋友之间经济上的帮助是应该的，也是无私的，不希图对方报偿的。但帮助从来是互相的，即使被帮助的一方无力对等得给朋友以相应的帮助，但也要心中有数，记住“来而不往非礼也”的古训，当有机会对朋友的帮助进行报答时，一定要及时报答，使这种物质上的来往大体保持平衡。这样做，看来无情，实则有义，“买是买，送是送”，可以避免许多无益而有害的纠纷，使友谊更加牢固。

5. 两面三刀不可交

俗话说：“人心隔肚皮。”有些人居心叵测，当面一套，背后一套，对这样的人应慎而又慎，千万不要希冀与他做朋友。

俗话说“墙头草，随风倒”，这是形容做人没有坚定的立场，哪边得势就往哪边靠。生活中不乏其人，一定要对他们有所防备；当然如果没有丰富的阅历和一双慧眼，在短时间内是很难分辨某人是不是两面派的。这样的人，当面说的都是一些忠贞不贰的话，表现出的是忠诚老实相，但背后说不定有更险恶的用心。

两面派最惯用的伎俩是伪装，这种伪装就是能把活人说成死人，能把死人说成活人的语言。纵观中国历史，有许多盛极一时的大奸臣却得到皇上的宠信，究其原因除了皇上昏庸无能外，很重要的一点是这些大奸臣会谄媚，会巴结皇上，能把忠良之臣置于死地；而真正可靠的还是那些敢于谏言的忠臣，唐朝魏征经常向皇上谏言，可能这些谏言不太好听，但绝对有好处，忠言逆耳。

《红楼梦》里未见其人先闻其笑的王熙凤，被人称为“明里一盆火，暗里一把刀”，表面上对尤二姐客套亲切，但在背地里却残忍地把她置于死地，与这样的人交往时，应多注意他周围的人对他的反应，在短期交往中很难发现这种性格特征，但接触时间长了便会清楚明白了。这种两面派是千万不能结交为朋友的，不然他会令你大吃苦头。

我国古代的名相王安石就曾为我们做出过表率。王安石在变法期间屡受非议，有一个叫李师中的小人乘机写了篇长长的《巷议》，说街头巷尾都在说新法好，宰相好，为王安石变法提供雪中送炭般的舆论支持。但王安石一眼就看出了《巷议》中的伪诈成分，于是开始提防这个姓李的小人。

生活中往往有两面三刀者，就是采取各种欺骗方法，迷惑对方，使其落入陷阱，达到自己的企图。他们会给你带来不尽的麻烦和灾难，在交友时需要时刻提防这类人。

6. 摆脱攀附权贵的人

信任忠诚的人，信任那些经过长期考验、值得信赖的人，而不轻信那些势利的人，这才能避免祸害、万事亨通。

如果某人是非常势利、见利忘义的那种人，这种人是不适合作为朋友出现在我们生活中的。例如在某个企业里，于某当总经理时，一位高层职员经常到他家里坐坐，并不失时机地对他奉承一番，外带一批上好礼物。而当于某下台，孙某当上总经理时，这位高级职员马上到孙某家里送礼，并数落于某的不是，将孙某奉为最英明的领导。在这种情况下，孙姓领导听了群众的反映，果断地将这位高级职员调到另一部门晾了起来。

像上述高层职员这种人的一个通病是：在你得势时，他锦上添花，而当你失势时，他落井下石。他不懂得什么是真诚，他只知道什么是权势。因此，这种人不能交往。

宋代的王安石和吕惠卿是一对朋友，但他们不是真正意义上的朋友，纯是靠着权势和利益联合起来的势利之交。吕惠卿是个阴险之徒，与王安石的气质本来就相差很远，他开始攀附王安石是因为王安石有权势，吕惠卿从中得到好处后，又开始陷害王安石以巩固自己的地位，最后彻底背叛了王安石。

古往今来，迫害恩人、出卖朋友为自己邀功请赏的人比比皆是。现在，如果某人为官在任，聚集在他周围的人会很多，可谓门庭若市，倘若做官之人罢了官，其周围的人一下子没有了，真可谓是门前冷落车马稀，为什么？因为你没有了权，别人再也无法利用你了。而在你为官时，不经常到你家说这说那，而在你罢了官，经常到家问寒问暖的人是最可交的。哪怕是起初你认为这人很愚笨，不会说话，但日久见人心，离开官场的你会为当初的想法而后悔，本来这人就是可塑之才，当初怎么就没发现呢？

有一个楚国人，拥有两名妻妾，长得非常美丽。有个年轻人，看中这两名妻妾，便从年龄大的那位下手。没想到那位年长的张口就斥骂他：“你这个禽兽不如的小人，快滚远点。”

年轻人只好识趣地走开。求欢不得，他便转移目标，向另一位小妾频送秋波，表示爱意，两人很快便勾搭上了。

过了没多久，这个拥有两个妻妾的楚人死了。有位客人对那位年轻人说：“人家的丈夫死了，你打算要娶哪个为妻呢？”

年轻人说：“我要娶那个年龄大的。”

客人说：“年龄大的骂过你，年轻的顺从你，你为什么还要娶那个年龄大的呢？”

年轻人说：“当她还是别人妻妾时，就想让她顺从我一人。现在要做我的妻子，就希望她替我去骂别人。”

忠诚于人，才会对人有信用。这位年轻人之所以不愿意娶那个年轻的妾，正因为她是不忠、不讲信用的女人。

7. 提防朋友“杀熟”

朋友有时往往是你最危险的敌人，在你以之为友、放松戒备的时候，对方却已经早早为你设下了欺骗的圈套。

生活中有些人恰恰是被所谓“朋友”弄得惨透了。自己以之为友，没想到却落得个“人为刀俎，我为鱼肉”的境地，被狠狠地“宰”了几刀。

某年8月，张医生在桂林进修，碰到一个叫白小凤的女人心脏病发作。救死扶伤是张医生的信条，她马上组织抢救，白小凤因抢救及时脱离生命危险。这以后，两人自然结成朋友。白小凤戴金丝眼镜，文质彬彬，常说要报救命之恩。白小凤声称自己所在的深圳公司给她分了4个股份，每股2500元，三个月后可获利两万，并表示愿意让两股给张医生以示谢恩。此等朋友、此等友情，张医生不由不信，立即将5000元交给白。

第二年春节后，白又对张医生说：“上次股红没分，是公司用股红做了一笔大生意，三个月后每股回报3万。因为是老朋友，亲戚我都没给，再让两股给你，每股3000元。”话与情热乎乎的，张医生又把父亲多年积攒的6000元交给白，白说她这个朋友够“爽”，不久又把她介绍给自己的儿子小陈。

小陈对张医生说：“你是我妈的朋友，又是我妈的恩人，我就算你的干儿子，我一定要在经济上帮你。”又说：“我和北京一个朋友在内蒙古办了个山羊养殖场，做羊皮出口生意，年纯利几十万元，冲你是我妈妈的朋友，也为报答你对我妈妈的救命之恩，把这个3万元的股份给你吧，半年能赚10万元。”张医生心想友情难却，况且利大，借了3万元交给了小陈。

她天天盼分红，不料，这年7月的一天，得到的消息是双方的生意都亏了，张医生只觉得五雷轰顶。

莫非白某是骗子？不像，因为她的儿子小陈又来了，晃一晃100元一扎的现金，拿出一张4万元的欠条，说马上要去买一只价值连城的古瓶，买回后卖15万，还张医生后还有剩余。

人家举债设法还钱嘛，张医生再次为朋友之情感动，跟着小陈去取那价值连城的古瓶。谁知取到手小陈说有事要先走，走后她又给自行车撞了一下，古瓶应声粉碎。到小陈那里去时，小陈正拿着菜刀要她赔偿古瓶，张医生因此分文未得，还给小陈开了欠债20万元的欠条。

张医生因此病倒卧床，好在病后向公安局报了案。

公安局说这叫“杀熟”，一种当前极其普遍的宰朋友手段。“杀熟？”张医生闻所未闻，她搞不懂朋友之道何以变得这样险恶。

人们记忆犹新的传销活动害得多少亲朋好友倾家荡产，走投无路。

帮你租门面的朋友也许在当过手钱的房东；帮你资金的朋友也许要收你的高利贷；帮你介绍生意的朋友也许要狠狠杀你一笔回扣；帮你装电话的朋友至少要带走你一条红塔山、两瓶洋河酒。当然，并非所有的朋友都是假仁假义之徒，只要你细心观察，仔细体会，就能剔除朋友中的“假冒伪劣产品”，找到你真正的朋友。

有时买东西托熟人似乎有一种信任感，熟人不会欺骗熟人，往往这种心理正好被他人利用；到熟人处买东西想贪便宜，因为有交情，有不便宜的吗？又正好被他人利用。

有位朋友遇到过一件令他哭笑不得的事。前些日子，他要去参加同事的婚礼，翻箱倒柜找不到一套得体的礼服。他妻子在一旁说：还是去买套西装罢，于是夫妻俩到市百货店、华联商厦逛服装，真是不逛不知道，一逛吓一跳，那里的服装价格令人咋舌。

还是妻子脑子灵活，想起其弟弟与弟媳在四川北路承包柜台，做的就是服装生意，看在熟人的份上，求他让点儿价，就能买到又称心又便宜的西装了，于是夫妻俩便兴冲冲赶去。

弟媳说：“大店卖的是名气，价格当然贵，我这儿便宜，出同样的价格，可以买到全毛料子的西装，保证不吃亏。”听完这些放心话，这对夫妻便眉不皱、心不跳地挑了套西装，爽快地付了款，心满意足地走了。

世界上有许许多多的巧事。喜酒席同一桌上，竟有人穿一样牌子、一样质地的西装。他妻子充满自信地一问价，这回轮到她吃惊了，竟然比自己弟弟卖给丈夫的便宜40元，而且根本不是全毛料子，分明是被弟弟和弟媳“斩了一刀”。

怎么办？总不能为这40元，扯下面子理论一番呀，只好吃哑巴亏，这叫“打掉门牙往肚里咽”。

在我们的日常生活中，这类“快刀手”每时每刻都在“挥舞大刀”：隔壁王老太到楼下熟人摆的水果摊上买西瓜，活生生地被“斩”去两斤分量；楼上小李托同事买件羊毛衫，结果也被“斩”去了十几元；一位朋友托熟人买了条外销“中华烟”，拆开一抽，觉得味道不对。细看包装、过滤嘴，方断定是假货……

细细想来，也许怪不得人家，也许是求人的人自己错了，因自己的心理素质有缺陷，被别人利用，拿着了你的短处，才朝你“下刀子”呢。

被熟人“斩了一刀”你好意思去大叫大嚷的吵上门去吗？这点情面你拉得下来？只好被他人所利用！于是，“快刀手”磨刀霍霍，见熟人便瞅准机会大刀阔斧地“斩”下去，斩得心情舒畅，斩得游刃有余，斩得干净利索。

在商场上，你一定要注意熟人的“快刀”，很多商人都栽在了熟人的“快刀”之下。对付这种“快刀手”要尽量不与其做生意，即使他是亲兄弟，生意上也要明算账，该怎么办，就怎么办，决不能含糊。

8. 见利忘义翻脸不认人

一个“利”字当头的人，他的心目中没有“义”字可言：他的人际关系里，没有情感，只有利益。自私的人几乎没有感情，他的感情付出只是为了利用别人给自己更多的利益。

自古商人重利轻义。虽然义和利都是我们所追求和所崇信的，但它们之间常常变成鱼和熊掌的关系。于是，就出现了众多舍义取利的“白眼狼”。

私心过重的人，在处事时容易“变脸”。当他发现某人对己有利时，脸色特别好看；当把利益抓到手之后，立即如同陌路之人，而一旦得不到这些利益，他随时都可能翻脸无情，威胁、恫吓，使尽千般手段，逼迫你把某种利益拱手予他。

有个商人来找他的朋友说：“村外有个小农场要出售，卖主是你的亲戚，如果你买，我相信他一定会出最低价的。你拿我的这些钱去把它买下来，我保证，如果成功的话，我一定会给你一笔报酬的。”

朋友拿着钱去找他的亲戚，由于他的缘故，亲戚心甘情愿地只卖底价的一半。

真正的买主听到了这个消息大喜过望。再三地感谢朋友，并拿走了剩下的钱，一字不提报酬的事就要告辞了。

朋友早就料到这个巧言令色的家伙会来这么一手的。于是，他笑眯眯地对那商人说：“别忙着走，如果你感兴趣的话，我可以告诉你一件事……”

那个奸商以为还有什么好处呢，急忙回身洗耳恭听。朋友说：“那合同可是用我的名字签的！”

商人目瞪口呆。

“如果你想失去一个朋友，你就借钱给他。”有人如此说。

即使是有感情基础的朋友，也会在利益面前经受一定的考验。利益，使人际的天平容易失衡。

小谢最近几年做建材生意发迹了。在同学聚会中，他出手阔绰、出尽风头，并拍着胸脯说：“大家同学一场，有什么事情需要帮忙只要说一声，包在我身上。”

小卫刚买了一块地皮，打算盖房子。想起小谢的“郑重承诺”，就打电话过去打听打听。小谢很热情地说：“老同学嘛，这点忙非帮不可！非帮不可！”

小卫对于建材原本就很外行，他也懒得去了解，想必同学之间应该不会欺骗吧。

后来，施工人员及别的专业人士一致认为他所采购的建材价格高于市场价，且质量也是二流的。小卫非常气愤地去找小谢，小谢却赔着笑脸说：“怎么会呢？怎么会呢？”等后来小卫再去找他理论时，他干脆把脸一拉，梗着脖子说道：“事已至此，你又能怎样呢？”

“商场无父子”，父子之情尚且不可靠，朋友之情又怎堪金钱一击呢？利益，有时使得人与人之间的关系变得混沌模糊，甚至污浊不堪。

9. 爱吹牛的人办事不可靠

有些人答应得很好却未必去做，这种人不仅不能帮你办成事，反而会误了你的事。这样的人将来就很难再得到他人的信任了，你也千万不要让这种人帮你办什么重要的事情。

有时，你认认真真地拜托别人帮你办事儿，他在痛痛快快地答应之后，就没了下文。现代人，压力大，工作生活忙忙碌碌，但碍于情面，依托他人办事时，对方有时热情地答应下来，似乎挺够义气，事实上很可能他说过就忘了。

宋颖已经工作两年了，但工作过程中发现自己确实需要“充电”，于是就想去北京深造。她托了一个在北京打工的老乡打听一下关于入学的情况。为此她还特地请那个老乡到一个高级餐厅吃饭，那个老乡答应得也挺爽快。

自从那个老乡去了北京之后，宋颖天天盼着信儿，她将希望寄托在他身上。十天、半个月、一个月，她终于按捺不住，打长途电话去询问。那个老乡热情地说：“你放心，你放心，咱们怎么说还是老乡呢，我一直惦记着呢，只是最近特别忙。”

又过了一周、半个月，她打了好几次长途过去，他还是在电话里热情地说：“你放心，你放心……”

直至放暑假了，他也没给宋颖一个准确消息。

宋颖气愤不已，觉得他太虚伪了！办了就说办了，没时间就说没时间呗，为什么不说实话，而是欺骗她。后来她在气急之下，决定直接同那个学校联系，没想到很快就得到了准确的信息。

像上述的事经常在生活中发生，有的人为了体现自己的所谓“价值”，到处吹牛皮，卖狗肉，胸脯拍得很响，可过后就什么都不记得了。说到底，这种人就是没责任心，对自己说过的话，做出了承诺从来不兑现。所以，如果你求人办事时，一定要了解对方的人品，之后再确定要不要请他帮忙。

10. 经不起利害考验的友情是脆弱的

没有掺杂利害的友情很珍贵，但也很脆弱，因为它还未经过利益的考验。

情义无价是做朋友的最高理想，但是，自私是人的通病，如果你因为帮助了别人就以为别人受你滴水之恩会当涌泉相报，那你对友情本身的理解就是掺杂着利益关系，所以很脆弱。

吴先生和许先生二人是大学同学，感情不错，毕业后，两人又在同一部队服役。两年后，两人一同从部队退伍，吴先生不久就找到了工作，许先生则不甚顺利，四处碰壁。吴先生伸出道义与友谊之手，把许先生拉进自己的公司，成为同事。

过了一年，吴先生离职创业，许先生也到别的公司任职。

吴先生的创业，成绩并不理想，甚至到了穷途末路的地步，只好找许先生，希望对方拉自己一把。

许先生说公司有一不错的职位空缺，很合适吴先生，他一定会尽力帮忙替吴先生搞定。吴先生很高兴自己的危机有了转机，很庆幸当初帮助许先生找工作之举太值了。

谁知等了一个月，吴先生也没有得到让他任职的消息，他按捺不住，打电话找许先生，原来……许先生自己坐上了那位子……。

许先生的“解释”是：“我本来不要，也推荐了你，可是上面坚持要我……”

隔了半年，吴先生才在一个偶然机会中，从许先生同事口中知道，当初许先生根本没有把吴先生的个人资料往上报。

有人说，大学时期建立起来的友情最珍贵，也最不易变质。

这种说法也对也不对，说它“对”是因为大学时期彼此没有利害纠葛，往往能坦诚相见，所以比较“知心”，友情也比较长久，所以很多人的“老朋友”都是大学同学。反而踏入社会后才认识的“老朋友”比较少，这是因为踏入社会后才认识的很多是事业上的朋友、利益上的朋友，这种朋友较难“知心”，要成为“老朋友”不容易。但这话也有“不对”之处，道理在于，求学时期因为彼此没有利害上的考验，固然双方可“交心”，但却缺乏免疫力，因此一踏入社会，面对利害——有的友情反而更强固，有的却脆弱得应声崩碎。

这个故事中吴先生和许先生的“友情”就是属于后面的那种，许先生显然经不起利益的考验。

其实人们也没有必要对许先生进行指责，虽然他的选择违反了朋友间的道义，但却符合了求生存的要素——自私。

人们常把朋友之间的关系用“情义无价”予以涵盖。但很多时候，人不是因为有了情义才有了朋友，而是因为有了朋友才有了情义。

在现实世界，情义是有价的。价在何处？在于彼此对对方的实绩评估。实绩是具体的、看得见摸得着的东西。比方说有人问身边的人某某人值不值得交朋友，周边的朋友所能提供的参照意见不外乎两个方面：一是品德，二是实绩。品德是公说公的道、婆说婆的理的东西，只有实绩才是人与人处世交友中实实在在的可触可摸的价值体现。

现在很多人强调交友要交得“友有所值”，所谓“值”，实际上就是衡量对方的付出以做交友取舍的标准。可你也应该想到，你讲究“友有所值”，别人就不考虑“友有所值”？

由“友有所值”引申到朋友的情义。可知人与人之间根本就不存在无缘无故的交情，因此也就没有无缘无故的情义。在彼此结成朋友之前，情义根本是不存在的。只有交情深了，才构成了以友谊为基础、人情为桥梁的情感。这种友谊和情感的交融就是朋友的情义。

情义的产生是对友情回报的一种承诺。比如一个人不断地接受其朋友实绩性的帮助，但由于种种原因而不能为朋友做些什么，总觉得自已欠了人家的情，天天在找机会要报答对方。既然朋友之间的情义和此之前的付出是有直接关联的，那么，就不能说这种情义没有前提条件，既然朋友的情义是有前提条件的，那么，朋友之间的“情义无价”之说就不能放之四海而皆准。

第六章

与亲人的亲情账：张弛要有度

每个人都兼具理性与感性，但大小琐事都想用理智衡量是不可能的，而且大部分的行为，都是以感情为出发点的，这是人性真实的一面。但现实却一再地告诉我们：要生存就要学会理智，才能平衡得失。有句话说得好，“亲兄弟也要明算账”，只有把账算到明处，才能平衡得失。

1. 赡养父母需兄弟姐妹齐心协力

中国是个讲究孝道的国家，俗话说“百事孝为先”，所以赡养父母是天经地义的事情。但是由于兄弟姐妹或责任不明，或疏远冷淡，关于赡养父母，不仅在兄弟姐妹之间而且也在夫妻之间，经常引起争执。

照理说，赡养双亲是儿女们应尽的责任，虽然时代变迁，旧日的道德观念多已被抛弃，然而新时代的人们还不至于置双亲的生活于不顾。但是奉养双亲的责任，却常在兄弟之间引起争执，这种情形，在社会上也是普遍的现象。

在奉养着老人的家庭中，最常听到媳妇们有如下怨言：“我先生最差劲了，情愿自己一人负起奉养父母的责任，却让兄弟们乐得逍遥。小叔小婶们的日子过得真轻松，他们大概认为侍奉公婆的事与他们毫不相干吧，看了真令人生气。我跟我丈夫说了几遍，他还数落我的不是呢，你看气不气人。”

的确，一般人都认为老大负起奉养父母的责任是天经地义的事，其他的儿媳们，如果偶尔来探望一下或带点东西来孝敬老人家，就觉得已经尽了孝道，因此也难怪长媳要为之愤愤不平了。

都说男人心胸较宽大，女人较狭窄，就以此种情形来说，这话大致是不错的，当丈夫对于独立奉养父母而安之若素时，多半会使妻子满腹牢骚，甚至会在夫妻间引起一场严重的争吵。

就丈夫的立场来说，奉养自己的父母是尽孝道，至于兄弟们不肯分担奉养的责任，心中虽也不以为然，或许因为心胸较宽大，或许是因为面子问题，如果兄弟们不主动说“我也分担一些吧”，他是不愿意计较的。或许他的脾气倔强，认为兄弟们为了父母的奉养问题而争执计较，甚至因此而强迫兄弟们负起责任来分担，就毫无意义了。

就妻子的立场来说，则较客观而不带感情。站在第三者的立场来看，她认为让兄弟们提供劳力或经济方面的帮助是理所当然的，所以兄弟妯娌间的袖手旁观才会令她大为生气。况且，即使公婆留有财产，依现行的法律来看，也要兄弟姐妹们平分，又不是由长子独得，那么为什么非要由长子来负起奉养的责任呢？这是不公平的。

立场不同，想法也就不同，如果不设法加以协调的话，夫妻间的一场大吵终究是难免的，严重的话，很可能造成夫妻间的决裂。

有一次，有位朋友很烦恼地诉苦说：“家父现年将近80岁，而母亲也已70多岁，本来年事已高理应接来与我们同住，但二老又坚持住在郊外的老家，只好由我与内人每天去探望他们。我自己身体也不好，每天跑这一趟实在觉得吃力，母亲耳聋，再加上关节痛，脾气也不好，我们去照顾她，还得忍受她的唠叨，内人因此经常跟我怄气。我的几个弟弟虽住得不远，却如同置身事外，我好几次向弟弟们提起，甚至召集他们来讨论，然而每次总是不欢而散。弟弟们总有各种理由推托，不肯分担一些责任，使问题一直无法解决。前几天，内人实在忍耐不住，积压多时的劳累与不快终于爆发，与我大吵一场……”其实这对夫妇还算是负责任的老实人，只怪他的兄弟不知孝顺父母，实在很不应该！

不久前，一位多年不见的老同学谈到她自己的近况，说：“家母幸好还有我这么一个女儿，不然，她虽也有两个儿子，却在风烛残年之时，被儿子们当皮球似的踢来踢去，这个月在大哥家，下个月到二哥家，好悲哀。”

这位朋友是个独身的职业妇女。她接着说：“现在我已经成了真正的老小姐了，既然我有经济能力，又没有家庭的顾虑，就将家母接来与我同住，哥哥们大概也可松一口气了吧。”

人人都有老的时候，现在我们赡养父母，以后我们的儿女赡养我们，这是一种传统，也是一种人人都应尽的义务。凭什么有的人就不尽这个义务呢？前面我们所说的几个朋友就是因为其兄弟姐妹不肯尽这个义务，才搞得他或和爱人争吵，或自己独自郁闷。碰到这样的兄弟姐妹就一定要算计好，决不能让他们逍遥于事外，这倒不是因为自己不肯赡养父母，而且不是姑息他们的这种做法。碰到这种事情可以请居委会或其他民政组织协调，严重的还可以诉诸于法律。

2. 对父母要晓以理动以情

虽说父母生你养你不容易，但对于父母的一些错误行为还是应该想办法制止。当然你要讲究策略和方法。

于谦是一家公司的经理，生意做得不愠不火，恰到好处。同行们都对他敬佩三分，就连客户都对他竖起大拇指，说与他合作就是痛快。可以说，于谦的良好口碑是他生意做大做好的一个基点。可就在他的事业如日中天时，后院竟然起火了，怎么回事？

于谦有一个弟弟在深圳做生意，结果被客户骗得倾家荡产，想要东山再起又没有资金，就向哥哥张口要10万元做资金，于谦碍于兄弟情面就让他打了个欠条，把10万元拨到了他的账户上。三个月后，于弟的生意又火起来了，但还钱的事却只字不提。于谦几次跟他提到这事，他总是说资金周转不灵，缓缓再说，于谦也就不好再说什么。可是后来的事情的确令于谦很恼火。

有一天，于父和于母一起找到于谦办公室，说是于谦不顾兄弟情义，逼弟弟还债，使弟弟急火攻心住进了医院。于谦矢口否认这件事，于父和于母就大肆宣扬其弟如何孝顺，事业如何艰难，最后竟逼于谦撕掉欠条。于谦好说歹说总算劝住了两位老人，并告诉他们不要管这件事，他们兄弟会处理好的。

听了这话于父母才离去，可事情并没有结束。自此之后于父母就隔三差五地找到于谦，说是要买什么保险啦、补品啦等等，总之他们以各种理由向于谦索要钱财，且名目繁多，今天是养老保险，明天是意外事故保险；这次说是买一台医疗器械，下次又是买什么进口补品……总之，他们总是有借口张嘴。于谦不给他们就说养子不孝不如不养，进敬老院也比求儿子强；给他们吧，他们就胃口越来越大，得寸进尺没个尽头。弄得于谦筋疲力尽。

而实际情况是，于父母把得来的钱全给了小儿子——于谦的弟弟。终于，于谦决定停止这种骗人的把戏。他跟妻子说了这件事，于妻想了想说让她来解决。在儿子5岁生日的那天晚上，于妻把于父母请来为孙子过生日。生日过得很简单，连蛋糕都没有，桌子上摆着几个菜，还有一碗给儿子的生日面条。吃饭时，5岁的小寿星拉着爷爷奶奶的手满肚子委屈，他告诉两位老人他以前的生日过得如何风光，并让妈妈把去年的生日录像放给爷爷奶奶看。画面上小孙儿满脸的笑容映衬在烛光里，并亲自吹熄蜡烛，切开了蛋糕，那场面温馨得令人心醉……做奶奶的看看录像，又看看桌上的面条，心里不是滋味，随口就说了一句，为什么今年不买蛋糕呢。小孙子可怜巴巴地说，爸爸公司资金很难周转，欠债的又不还钱，所以今年连蛋糕都吃不上了，于父母对望了一望，叹了口气。

之后过了一周，于父母非但没上门要钱，还打电话给于谦说，要把自己的积蓄给儿子做资金，并承诺说服其弟还钱。一个月后，他弟弟就把欠款还了，并把父母以各种名目要来的钱交还父母，并由于父母还给了于谦。经济矛盾就这样轻而易举地解决了。

对于亲情账，不是不能算，不但要算而且要好好算，但是要讲究策略和方法的。人心都是肉长的，何况是生你养你的父母呢！对于父母的一些错误行为，要动之以情，晓之以理，用事实说服他们，使他们站到客观的立场上来。这样才不至于使矛盾激化。如果极端行事，反而落个不孝的名声，矛盾也就谈不上解决了。如果碍于情面，姑且任之，则会使对方养成一种索取习惯，天长日久，他们反而认为是理所当然之举，而你自己哑巴吃黄连无处诉苦，最后反害了自己。

3. 同胞兄弟也欺骗

虽然说同胞兄弟心连心，但是在经济利益上还是要奉行“亲兄弟也要明算账”的原则，否则就会干吃哑巴亏，有苦只能往肚里咽了。

“君子爱财，取之有道。”但有人则不在乎“道义”，只要能把钱搞到手就行，在他们的心目中，“道义”丢了无所谓，“钱财”丢了可受不了。所以，他们不管钱是怎么抓来的，抓到了就死也不撒手，根本不考虑自己的德行品格会不会失去。

在某个镇上，住着一户姓阮的人家。父母在饥寒中过逝，留下兄弟六人。虽然家境贫寒，生活清苦，但是六兄弟个个勤劳能干，奋发图强，为摆脱贫困的命运历尽辛劳。

在刚刚允许个人经商做买卖的年代，阮老三不辞劳苦，天南地北地出外打工，赚了一些苦力钱。阮老五见了，很羡慕，为了自己也能立业赚钱，就跟三哥说尽好话，借了数千元钱，买了一辆三轮车跑买卖，并说定一年后还清。一年到期后，三哥正等着用这笔钱娶媳妇，就向他讨还，没想到他竟然大言不惭地骂三哥不讲道理，脖子一歪说道：“没有钱，你能怎么样？”三哥没办法，只好认栽，媳妇也说不上了，三十几岁了还照样打着光棍。而阮老五呢，非但不知情，反而到处宣扬三哥的不是，把三哥埋汰得很差劲，好像他不还钱是天经地义的，向他索债反倒是天理不容了。于是两个人几年不说话，积怨日深，一直耿耿于怀。

阮老四在一家单位上班，阮老五找上门去，请求四哥托人教他一门制作糕点的技术，四哥和四嫂出面，帮他认了一位有名的师傅，并无偿供他学习期间的食宿花销，数月以后，技术学成了，他回到老家办起了一家小企业，并从企业雇的女工中讨了个媳妇，既成了家，又立了业，话头话尾不时流露一些对四哥和四嫂的感激之情。

企业办起来后，阮老五让阮老六为他做起了多年没有薪金的长工，然后又到二哥家借得价值上千元的木材，为企业制作了必需的工作器具，同时又到一家乡镇粮店赊来面粉数千公斤，答应隔月偿还。这样一折腾，企业很快经营起来了，产品卖出去后换来大把的钞票，阮老五手头宽了，变得一日比一日潇洒起来了。但他却欠着别人的木材钱和面粉钱不还，一找到他要账，他就千般抵赖，搞得债权人和他不欢而散，不乐而终。但不管怎么样，他自己在财物上的确狠占了一回便宜。

两年后，企业因经营不善倒闭了，阮老五又变成了一个“穷光蛋”。正值此时，大哥远在千里之外做工，干得很好，赚了不少钱，阮老五听说后，投奔过去，跟大哥使劲溜须，争得了一份差事。大哥念兄弟情义，有意让他多赚一些钱。半年后，他回到老家，竭力鼓吹自己如何有能耐，如何帮大哥赚了很多钱，好像大哥的钱是他帮忙赚到的，而他自己的钱是凭能力赚来的，言下之意，是大哥不如他好，不如他能耐。在一些不知情者的心目中，他的脸上颇光彩了一回。此后，阮老五闲不住，到处挖门子掏洞，找到了一个开商店赚钱的门路，但苦于本钱不足，开店的愿望迟迟无法实现。阮老五心眼活络，又去找大哥，好话说尽，把大哥说动了心，决定借给他上万元开商店的本钱，阮老五答应一年后肯定还清。一年后，商店果然赚了钱，但为了扩大商店规模，他依然押下大哥的钱不还，大哥向他索要，他还振振有词的辩解，说大哥这人没有兄弟情义，到处说大哥的坏话，散布大哥的谣言，坏大哥的事情，搞得兄弟形同陌路。

但好景不长，由于他吃喝嫖赌，商店的钱很快花光了。这时正赶上他的四哥在外面闯荡赚了些钱，阮老五就甜哥蜜语地向四哥套近乎，请求到四哥那里谋个美差做，当时四哥的事业做得正红火，一面赚钱，一面还能天南地北的游玩。但四哥知道这位兄弟太贪财，不愿叫他过来一起做，阮老五便五次三番地打电话，说是只要让他来做，年薪给个一万八千元就行。四哥心软，就答应了他。

阮老五到四哥门下后，在不足两个月中，就骗走四哥几千元钱，而且四哥发现每当他从客户那里得到钱，他的眼中就射出两束异样的光芒，那神情酷似葛朗台见到了金子，四哥这才意识到必须小心这位兄弟，如不留意，阮老五随时都有因钱妄为欺骗之嫌。而且，每当说到为他开一万二千元年薪，并每年递涨五千元的待遇时，他就眼睛发红嫌少，不再像当初来时那样说“年薪给个万八千元就行”的话了。四哥见他如此贪财和心怀不轨，就决定辞退他。而他呢，哭天抹泪地说，辞退也行，只是要借钱给他，以维持商店生计，四哥念兄弟情分，慷慨解囊，借给他数万元钱，他眉开眼笑，一口答应随要随还，并签了合同，四哥又宽限他一年后还清即可。谁知钱到手后他并未满足，张口闭口还要借更多的钱。四哥也有难处，不便再多借给他。但没想到他这个人财迷心窍，四哥不再借钱给他就反唇相讥，反目成仇，到处说四哥的坏话，而且还拿当初四哥念他是兄弟才好心透露给他的经营事业的机密当作攻击四哥的把柄和武器，丧心病狂地进行威胁和恐吓，不但不还钱，还声称雇人加害四哥，对四哥四嫂像疯狗一样乱咬乱骂，把兄弟情义糟蹋得一塌糊涂。

同前几次向另外几个兄弟借钱借物的情景一样，他到处无理狡辩，把借给他钱的人说得一无是处，把他借钱不还又说得浑身是理，而且还玩弄心计，编造假象，胡搅蛮缠，把四哥答应月薪一千元说成是四千元、五千元，把从四哥门下净干一个月零三天的工作说成是四个月满工，以此混淆视听，乱人耳目，以便为从借款中讹钱财、敲竹杠编造理由。

像阮老五这种人利令智昏，恩将仇报，为了钱财德行丧尽，手段用绝，人性扫地，心肠卑鄙，恶毒有余而良知不足。对这种地地道道的小人，不能再心慈手软，任他为所欲为，只能揭穿他，不能让他再在面上说话佯装正人君子，背后办事甘当肮脏小人。

阮老五这个人所搞到手的不义之财，一是靠骗，即花言巧语骗取好感，然后张口借钱借物；二是靠坑，把借到手的钱物据为己有，找借口不还，坑害帮助过他的人。他从每一个兄弟身上都狠狠实实地削下一刀肉，肥了自己之后，招摇过市地摆阔，一面用不义之财吃喝嫖赌，一面欠账抵赖，非但不还钱，还要挖空心思编造各种不实之词，制造不还钱有理、催欠账不仁的假相，真是“满嘴仁义道德，满腹男盗女娼”。

这种人在当今社会并不罕见，他们的共同特点是表面上看很正派，很大度，很讲信誉，而且能说会道，善于交际，而正是这些表面上给人的好印象，才使一些善良的人受骗上当的。在利益面前，即便是自己的同胞兄弟，他们也不会心慈手软。所以“亲兄弟也要明算账”这句话还是有道理的。

4. 亲戚之间也要有借有还

亲戚关系又是一种比较复杂的关系，主要表现在亲戚之间存在着多种差异，比如经济的、地位的、地域的、性格的等等。这些差异既可能成为彼此交往的原因，也可能成为产生矛盾的原因。

当人们遇到困难时，肯定会想到找亲戚帮助。亲戚之间大都有血缘或亲缘关系，这种特定的关系决定了彼此之间的联系的亲密性。俗话说，不是一家人，不进一家门。作为亲戚，对方也大都会很热情地向你伸出救援之手。

求助过程中，为了经济利益问题而得罪人，在亲戚之间是屡见不鲜的。比如亲戚之间的借钱借物等财物往来是常有的事。有时是为了救急，有时是为帮助，有的就是赠送，情况不同，但都体现了亲戚之间的特殊关系，把这种财物往来当成表达自己心意和特殊感情的方式。

作为受益的一方在道义上对亲戚的慷慨行为给以由衷的感谢和赞扬是必要的。如果他们把这种支持和帮助看得理所应该，不作一点表示的话，对方就会感到不满意，而影响彼此的关系。

另一方面，对于属于需要归还的钱物，同样是不能含糊的。这是因为亲戚之间也有各自的利益，一般情况下应把感情与财物分清楚，不能混为一谈。只要不是对方明言赠送的，所借的钱物该还的也要按时归还。有的人不注意这个问题，他们以为亲戚的钱物用了就用了，对方是不会计较的。如果等到亲戚提出来时，那就不好看了。

2002年10月，某市街头出现一大奇观：该市某家具厂厂长张德贵身后，亦步亦趋地跟着两名容貌颇有特色、身着红色卡通式“工作服”的收款者。“工作服”上用白字醒目地写着：“我跟在谁的背后，谁就是赖账不还的人。”白字在红底的衬托下显得格外惹人注意。

从此，张德贵走到哪，两名“工作服”就跟到哪，像两名忠实的保镖。一天，张德贵去和一外商签合同，刚到宾馆门口，身后停住一辆出租车，车上下来的两名“工作服”立即紧跟在张德贵身后，前来迎接的外商见此情景，莫名诧异。当得知跟随着的两名贴身“保镖”原来是催款者时，立即委婉地对张德贵说：“张先生，我们还有几个问题需要商讨一下，签合同的事过几天再说。”此后，签合同的事再无下文，让张德贵到嘴的几十万利润“竹篮打水一场空”。

张德贵不管到哪，身后的两名“工作服”总会招来一大群围观者，工作人员亦指指点点，不到三天，差不多全市都知道张德贵是一个赖账不还的人，其信誉度大跌。一个星期后，两名“工作服”才从张德贵的背后消失。

原来，张德贵与林业公司经理是表兄弟，而他的家具厂拖欠林业公司木材货款近100万元达两年之久，碍于情面，林业公司只是提醒家具厂，但张德贵压根就当没这回事。后来林业公司数次找经办的部门经理催款，均被家具厂以资金周转不灵、下属无法决断等理由拒绝还清欠款。一筹莫展之际，办公室文员朱媛媛献上“擒贼先擒王”一计，越过部门经理，派两名“工作服”直接跟在能拍板还钱的厂长张德贵身后，直到还清欠款为止。

因此，在亲戚交往中要遵循有借有还的规律，如此彼此的关系才会越来越亲密，反之，结果自是可想而知。对于来自亲戚的帮助要注意给以回报，这既是加深友谊的需要，也是报答对方帮助的必要表示。如果忽视了这种回报，同样会得罪人。

总之，亲戚之间的钱物往来，既可以成为密切感情的因素，也可能成为造成矛盾的祸根。

5. 不要给亲戚出难题

亲戚之间虽有辈分的不同，但是，也应当相互尊重，平等对待。特别是在彼此之间有地位、职务的差异的情况下，更应如此。

常言说："贫居闹市无人问，富在深山有远亲。"这就是说，就亲戚而言，财大的、地位高的人对于比不上他们的亲戚是很有吸引力的。地位低的人总是希望从地位高的一方那里得到一些帮助，同时在他们提出自己的请求时，又怀有极强的自尊心。

在这种情况下，如果地位高的一方对来求助的亲戚表示出不欢迎的态度，那就很容易伤害对方的自尊。

一般说来，地位低的人对于被小看是很敏感的，只要对方露出哪怕一点冷淡的表示都会计较、不满，造成不良的结局。

还有另一种情况，就是有些人求亲戚办事，特别是办一些有违原则的事，人家没办就心怀不满，说人家不讲情谊之类的话，这也是很使人伤心的。

在有地位差异的亲戚之间最常见的矛盾是在求与被求之间，是在不能满足对方要求的情况下发生的，因此，如遇到这些问题，一方应注意尽量地满足对方的需求，另一方则应考虑对方的难处，尽量不要给人家出难题，即使因客观原因不能满足自己的需求，也应给以谅解，不能过多的计较。

6. 在亲戚家不可为所欲为

“亲戚越走越亲”，是一般的常理，但是，要看你如何走法。

过去走亲戚可以在亲戚家住上一年半载，现在就有很多的不便。大家都有工作，都有自己的生活习惯，住的时间过长很多矛盾就会暴露出来。

还有的人到亲戚家做客一点也不体谅对方，而是任自己的性子来，这就给主人带来很多的麻烦，也容易造成矛盾。

比如，有的人有睡懒觉的习惯，每天要睡到太阳升起来才起床，他们到亲戚家也不改自己的毛病。主人要照顾他，又要上班，时间长了就会影响主人的工作和生活的正常秩序，进而影响彼此的关系。

还有的人不讲卫生，到了亲戚家里，烟头到处扔，人家收拾不及。如果时间不长，人家还可能忍耐克制，要是日子长了，矛盾就会暴露出来。

因此，在亲戚交往中也有一个优化自己的行为方式的问题，如果方式不当就会得罪对方，这样在你需要帮助时对方便很难伸出手帮助你了。

血浓于水的亲情永远是我们心灵的寄托，是我们遇到困难时的救星。但是亲戚也是凡人，所以我们要在平时就做个有“心计”的人，加深并保持与亲戚们血浓于水的亲情，这样在你有求于他时，他才会鼎力相助。

7. 与婆婆和睦相处

在一般的婆媳关系中，面子上过得去，没有太大的矛盾和冲突，不影响自己的婚姻生活，就是很正常的关系了。生活中也不乏关系融洽、相依为命的婆媳关系，但这需要双方的共同培养和双方性格相通，是可遇而不可求的。如果当真达到了这种境界，也是一种幸福。

记得我很小的时候就听老人讲过：他们年轻的时候，没过门的女孩子经常问小伙子一个问题，以“试”他对自己是否有真心，自己过门以后会不会受婆婆的气。这个问题就是：如果我和你妈同时落入水中，都不会游泳，你先救哪一位？憨厚的小伙子往往回答说两个人都救，再追问下去就一声不吭了。女孩子当然不会满意；脑筋灵活一点儿的小伙子会说：当然先救你啦。其实，只有小伙子心里明白这种情况发生的可能性有多小；女孩子虽然脸上高兴，心里却也明白这只不过是善意的谎言罢了。对于一个男人来说，他的前半生同母亲相依为命，后半生同妻子同甘共苦，这两者之间怎样选择才好呢？而这两个女人同一个男人一生的亲密关系恰恰是这两个女人的对立关系。在诸多不良的人际关系中，大多数的形成都是由于后天处理不当。而唯独婆媳关系从基础上讲，似乎天生就是一对水火不相容的关系。否则，女孩子还没出嫁怎么就问出这么一个我与婆婆有我没她，有她没我的问题呢？

在现实生活中，由于不能协调好同婆婆的关系，使得夫妻和睦的家庭平添烦恼，甚至毁掉两个人辛辛苦苦地垒起的爱巢的例子是屡见不鲜的。

有一位幼儿园教师结婚十年了，夫妻感情很好，丈夫对她特别体贴照顾。只是因为丈夫“她是我妈我不能顶嘴”的信条，两人经常吵架。时间长了，两人都觉得生活没意思。

另外，有一位妻子几次撞见丈夫背着她给婆婆钱。她非常气愤，认为给婆婆钱应该跟自己商量，总是这么背着给钱还不如分开算了；而丈夫认为母亲替自己照顾孩子，给点钱是应该的，背着妻子给钱是为了她眼不见心不烦而已。为此事丈夫还警告过她；如果老为这种小事争吵，两人早晚得分开。

还有一位已经年近不惑之年的妻子，跟婆婆共同生活了十二年，由于婆婆爱在家人中间挑拨是非，给她的心理造成了极大的压力，身体也越来越坏，以至胃、肾、心脏都有毛，病。最后这位妻子的处境恐怕最糟糕了。她的婚姻已到了崩溃的边缘。她原来住在婆婆家，有了孩子以后，因为需要母亲帮助照顾，每星期回娘家住三天。每次再回到婆婆家，婆婆就抱怨她们费水费电，经常为此闹得不愉快，以至关系越来越僵。后来干脆闹离婚，去了法院。法院认为夫妻两人的感情没有破裂，一些家庭琐事不足以构成离婚，驳回了起诉。婚离不成，婆婆又不接纳她回去。孩子有病住院，往婆婆家打电话，婆婆家的人又不让丈夫接电话。她的处境确实很艰难。

事情发展到了上述的程度，确实让人感到惋惜。婚姻的起落应由夫妻两人的感情好坏来决定，怎么能因为婆婆而使夫妻两人对簿公堂呢？或许两个人都不说，或许一句话就可以说明白。

纵观世界各国，中国妻子在家庭中的地位是排在世界前几名的。丈夫的宠爱和在最初一些问题上的让步使得妻子们有些忘乎所以，无视丈夫的忍耐与压抑，从而得寸进尺，直到丈夫在沉默中爆发。直到这时，妻子们才有所悔悟，因为她们发现自己并无意离婚。然而她们的行为一直在逼着丈夫在母亲与妻子中做出选择，她们实践了本文开头提出的那既自相矛盾的答案又不言自明的问题。

从某种程度上说，婆媳关系还是对立的，所以做媳妇应该要会在婆媳关系和婚姻关系上精打细算，不要为了本来期望值就不是太高的婆媳关系，而损坏自己的婚姻，那太不值了。下面是几点具体的幸福建议：

首先，不要对丈夫家里人存有戒心或者疑心。每家都有自己的家风，每人都有自己的个性。不要指望丈夫的家应该是什么样，婆婆该怎样来对待自己。来到一个新的环境，就要以客观的态度来接纳它。比如，很多受旧思想影响较深的老人认为儿媳是外姓人，有事把儿子叫出去单独商量好。新婚的妻子往往很不习惯，或者硬拉着丈夫不让出去，或者自己也跟出去。后来发现谈话内容倒也无关紧要，就不再操这份心，受这份累了。类似这种情况，每个做儿媳的都可能遇到，这时不妨征求一下丈夫的意见：是婆婆故意刁难自己，还是婆婆为人一直如此？只要打消疑虑，彼此交流的道路也就畅通了。

其次，接受丈夫对亲人的感情。在很多女人身上有一种很有趣的现象：她们很爱自己家的人，对父母孝顺，对兄弟姐妹都很照顾，但惟独不许丈夫对他亲人有同样的感情。己所不欲，勿施于人，反过来也是如此，自己享有某种权利，就不要剥夺别人同样的权力。

最后，不要把婆婆同自己的母亲相比。你与母亲是血肉相连的，而婆婆是结婚以后才开始相处的人。结婚前，同丈夫谈恋爱，有感情基础，而与婆婆几乎没有什么感情联络，这就像没往银行存钱一样，不要指望索取。

8. 窝里斗，害死人

因为是亲戚，所以你对他不加防备，他为个人利益害你时，你还蒙在鼓里；因为是亲戚，你的一切内幕他都一清二楚，他为个人利益要捅你，一捅就捅到你的心窝里，这就叫“窝里斗”。

费孝通先生在《乡土中国》中所言：“每一家以自己的地位做中心，周围划出一个‘圈子’。”这个“圈子”，可以说是主要是以家庭为中心的亲戚建立起来的人际关系网。

可见，我们很多时候，总是把亲戚放在第一位，以为老乡是最值得信赖的人！

小飞和小刚是亲戚，他们同在一个私营公司工作，由于是老乡，彼此互相帮助，工作干得都很不错，老板对他们也很赏识。可是不久，两人同时被老板炒了鱿鱼。什么原因呢？

由于小飞与小刚都是好强之人，老板想提拔一个人当经理助理，他们俩是最佳人选，可经理助理只有一个，这就说明一个人要落选，而他们俩又都想得到这个位置，所以两人成了“窝里斗”，在工作中相互拆台，最终使公司蒙受了几十万元的损失，老板一气之下，把他们俩都开掉了。

从上述例子可以看出，“窝里斗”有着非常不好的影响，亲戚之间相互帮助是很聪明的做法，但是除了彼此“帮助”之外，一定要避免亲戚之间发生冲突，避免“窝里斗”。既要防止“窝里斗”，就要了解“窝里斗”的特点。

“窝里斗”作为“传统节目”，有其独具的特色，一般说来有以下几条：

一曰“阴”，即“不公开”。在公开的场合，大家都是感情不错的老乡，背地里则不尽然，做小动作、打小报告，“当面说好话，背后使绊子”；“当面叫哥哥，背后摸家伙”；“当面握手，背后踢脚”；“当面是人，背后是鬼”。

二曰“软”，即“不硬来”。因为是内部斗争，硬来有敌我之嫌，所以只能“阴”。“阴”则“柔”，“柔”则“软”，“软工夫”往往比“硬功夫”更厉害。其常规办法是“踢皮球”、“打太极拳”、“磨蹭纠缠”等，或者“皮里阳秋”地说“风凉话”。

三曰“小”，比如“小动作”、“小报告”、“小纠纷”，似乎只有“小”字才能体现“窝里斗”的能耐。

四曰“粘”，即“没完没了”。“外部战争”一是一，二是二。一仗打完，要么胜利，要么失败，要么讲和，终归有个了结。然而“窝里斗”则不然，黏黏糊糊，拉拉扯扯，永无休止，这就实在可怕。因为如果不“阴”，便可“当面还手”；不“软”，便可“毅然动手”；不“小”，便可“大打出手”；不“粘”，则可“及时住手”。现在可好，还手找不到对象，动手下不了决心，打又打不得，收又收不了，岂不只有默默忍受其折磨。所以，这种斗法只有两个结果，一是把人变成“两面派”，二是把人逼成“精神病”。

如此看来，亲戚在一起属于“窝”的一种，要避免其“斗”就要看这中间个人的意识了，既要避免“成堆”出事，又要避免“树倒猢狲散”。

第七章

与爱人的清醒账：在爱情婚姻中坚守原则

爱之旅风花雪月，情之巅峰回路转。男女双方共同投入情感的世界是人间最美丽的仙境。但遗憾的是，在向这一仙境进发的旅程中，不论男人还是女人都有可能不经意地踏入爱的误区。但爱情也是有原则性的，有些感情逝去了就不会再来了，破镜重圆的故事似乎只发生在极少数人身上。

1. 爱情是马拉松，日久见真情

当男人有钱有势时，获得女人的厚爱并不为奇，你可以认为她是为爱情，可是她的爱情能持续多久呢？

问世间情为何物？情，让一个智者变成白痴，让瞬间的记忆成为永恒，让一对恋人陷入恨爱交织的火焰。情，让人失去自己，又再生自己！偶尔听到进入中年的人说，失恋的痛苦曾令他觉得生不如死，可是十年二十年后再见到对方，第一个感觉却是，她怎么变成这样？幸亏当初没有和她在一起！自己原来怎么如此傻气荒唐过？可笑！可悲！可怜！

他是一位名人，他的名气得益于他曾在那么艰辛的条件下开创了一片新天地。但是最近他总是郁郁寡欢，百结愁肠。他要找一个人倾诉，于是他打电话约了一位值得信赖的朋友。等见了面后，他又不知是否该告诉朋友，就在他犹豫之际，朋友给他讲了一个故事。

故事是这样开始的：当由百位老总组成的拉拉队齐声高喊“我爱你”、“我支持你”的刹那，她无奈地感受到：“原来人竟然是那么孤独。”平时酷爱运动、身段轻盈的她，站在离地面6～7米高的一块板子上，对面是一个离自己1.5米的第二块板子，她一定要跳到第二块板子上去。前面的几位，已经跳过去了，现在轮到她了，但说什么她也迈不出这一步。对于她来说，这1.5米的距离好像崇山峻岭。这正是百位老总拓展训练的一项内容。

站在跳板上的她，吓得随时都可能昏过去。她抱着身边的扶手死死不放，泪水肆无忌惮地落了下来。但教练无情地重复着："站上去，不许下来。"不知过了多少分钟，她开始头昏眼花，腿都不听使唤了。看看四周，所有人的眼睛都在对她说话，所有人的双手都在渴望拉她一把，所有人的心都在牵挂激动，所有人都想代替她迈出那一步。"原来人是那样孤独，一个人来到这个世上，好多路都要一个人走，谁能陪你啊？此时这么多人与你同舟共济，但是，到最后，真正做事的时候，必须迈步的时候，还不是得靠自己做，自己走。任何人也不能代替你啊！"她心一横，突然"嗖"地一个雀跃"飞"了过去。顿时，"我爱你"的欢呼声响彻云霄。那一刹那，整个世界都不存在，自己也不存在了，她犹如死了一场。

听完这个故事，他对朋友开门见山地说："你说得对，我的位置让我高处不胜寒。我太孤独了，没有人能听我倾诉真实的东西，如果再不说出来，我会发疯的。"

原来，生意场上的他被一位年轻的单身女子追求——那是他竞争对手的助手。而爱的代价就是要他放弃现在所有的一切，到一个遥远的地方，重新开始生活，当然这一切的"重新"是为了"至高无上的爱情"。

朋友对他说的第一句话是："你疯了！你不能这样做！这个女孩认识你的时候，正是你名利光环集于一身时，如果为了一份不确定的爱而抛弃现在所有，我怀疑她是否还会再爱下去。即使她可以，你的子女，你的夫人呢？为了这一段虚无的爱，把现有的一切抛弃，你可曾想过后果？当你们不得不面对日常琐事的时候，也许爱的形式就变了，对有些人来说是踏实，对你们来说，也许就是平庸。你们所谓的爱情难道一点世俗的虚荣都没有吗？也许她只是让你感受到年轻的快乐，而你给她的是歇脚的避风港。"

"不是，绝对不是这个样子，她根本不像你所说的那么世俗，她高尚，她真诚……"他用了可以使用的百种理由描绘她的与众不同。总而言之，他想告诉朋友，那个年轻女人需要他，没有他，她活不下去。

朋友说：“你想过你的夫人吗？想过你的家人吗？想过与你共同打拼天下的人吗？想过为了你的今天而无私付出的人吗？没有你，他们怎么办？再说，一个善良的女孩，怎么能把自己的幸福建立在别人的痛苦之上呢？”

最后朋友向他建议：“不要用抽刀断水的形式处理，想开一点，你可以离婚娶那个女孩，但是不是现在。”

此后，他们再没有通过电话。过了半年，朋友突然想起这件事，主动打电话给他，他已经变得非常平静了。他说：“这个劲儿早过去了，幸亏当时没做傻事，不然代价太大，实在不值得。”他感谢了朋友一番，说是朋友救了他。其实朋友什么也没有做，只是给了他一些时间，一点人性的理解而已，或者说，一种冷处理的方式。

情这种东西很抽象，为了情，男人女人都会干出些自认为壮烈的事来。当男人有钱有势的时候，获得女人的厚爱温柔并不稀奇。你可以说她是真情，为了爱而与你走到一起，但是，可否这样问一问：她为何不把爱给予年龄相配，才貌相当的单身男人呢？因为你是他的最爱，还是因为你能给她的命运带来脱胎换骨的改变？爱一个人并不难，但爱的世界里所包含的内容太多了，持久是一种美丽。女人会为情爱付出许多，其中包括青春，可是有多少女人会挑选一个除了英俊相貌之外什么都没有的男人，并且为他舍弃自己的名利物质，甘愿清贫一生呢？

回过头来再说男人的发妻，虽然她们有进入中年的窘境，但是她们与丈夫同甘共苦的恩情，她们带给丈夫的爱，是不能一笔勾销的。同时作为男人的发妻，当他被情所惑的时候，要学会给彼此一个过程，一个空间，一个气度。不要逼迫或紧追不放。狗急了还要跳墙，何况人呢。

2. 不做情感冤大头

情爱上，女人失去的是自我，男人失去的可能是一个世界。所以对于男人来说，如何慧眼识人也十分重要。

有位男士曾经开过一个像样的公司，拥有可观的收入。但为了一个心仪的空中小姐就疯狂地抛妻弃子，荒废事业，对这个妙龄女孩有求必应。为了博取芳心，不惜以这个女孩的名义，买高级别墅、名车、名贵珠宝首饰。女孩是空姐，总在国内外飞来飞去，航班不定时，休息日也不固定，这使他们聚少离多。

有一次，通过女孩的同事，他了解到了她的返程计划。于是，在她回家的当晚，他手捧100枝玫瑰花，兴冲冲来到他为她买的新家，想给她一个惊喜。结果怎样呢？这个女孩竟然带着一个与她年龄相仿的男人回家，而且两人态度极其亲密。看到他的出现，已经成为房子女主人的她，气急败坏地把门卫找来，叫他们把这个不速之客赶出小区。直到那时，这位男士才意识到，一年里，他为了这个女人透支了创业10年以来的全部积蓄，还荒废了数笔生意。离婚时，他没有给原配妻子留下任何东西，却为了一个无情的女人让自己背负一身的债务。他的精神几乎被击垮了。40岁的他，竟第一次当众哭泣。

人们对这样厚颜无耻的女人和愚蠢低俗的男人会嗤之以鼻。这样的男人自己也活该，白白做了被情感玩弄的冤大头。

20世纪70年代，复员军人刘兵就曾被一个背叛他的女人莫名其妙地送进监狱多年。年迈的父母相继去世时，他还未能恢复自由之身。

他爱上的女人来自高干家庭，曾与一个门当户对的男士指腹为婚。不料婚后，却发现男方本性恶劣，且一事无成，只是公子哥儿般成天游手好闲。于是她提出了离婚，结果被丈夫打得头破血流。此后夫妻感情恶化，丈夫的毒打也成了家常便饭。有一次，当她带着脸上的伤走进办公室时，恰巧被刘兵看到。再三追问，她终于把不幸的婚姻讲给了一起工作了四年的他。后来但凡遇到不顺心的事，她就对他倾诉。日久天长，两个人从挚友走到了情人关系。他明知艰难险阻，也愿意为这个女人上刀山、下火海，哪怕牺牲自己的家庭与事业，因为这位根本没有品尝过恋爱滋味的人，已经被身边的女子所融化，因为这个女人让他觉得自己有价值，生活有奔头。结果呢？

纸包不住火，她俩的“婚外情”还是被她的丈夫发现了。由于男女双方的背景与家庭压力，来自高干家庭的她在法庭上指证刘兵对她耍流氓，强迫她与他发生男女关系。就是因为这个根本无法考证真假的证词，他被关进了监狱。但即使在此时，他还是惦念着这个女人，并把这个女人的无情解释为：如果她不这样做，也许她连命都没有了，如果她死了，他活着还有什么意思。

故事发生在20年前。不知今日已年过半百的他如何回首看这段往事？是回首有恨？还是回首无悔？

许多男人抱怨，当初与他们发生婚外情的女人一再表白：“只要跟你在一起就可以，我什么都不在乎，什么都不要。”被感动的男人给她们买房、买车，甚至帮她们建公司，结果不到一两年，她们的口气就变了，开始逼着男人离婚，否则就要说“再见”了。有一位海外华人，一年大部分时间都留在中国创业，期间最多去国外见老婆孩子一两次。刚上40岁的人，有生理需要，也有心理需要，理解丈夫的太太，没有怨言，也不多问，而丈夫亦从来就没有想过抛弃太太。不料被一个刚毕业的女大学生缠住了。虽然在金钱上，他给了她全部的满足，但是情人一定要他离婚，逼得他无路可走。因为他绝对不愿抛弃发妻，而且即使真的想，也做不起。国外的法律会让这个事业得意、经济雄厚的男人伤痕累累。

沙场也好，商场也好，什么样的劲敌男人都可以战胜，却往往会跌倒在石榴裙下，再也爬不起来。

3. 糟糠之妻不可轻易弃

一个感情上成熟的男人是不会轻易抛弃发妻的，这里面有感情成分，也有道德约束，但不管是什么原因，这总是明智的选择。

一个男人曾哭着说起他的前妻，因为妻子在身边时他不懂得珍惜，为了新欢抛弃了旧爱。等到他的妻子远离他而去的时候，他才发现身边的新欢对他只不过是逢场作戏，而真正能让他在感情上得到满足的只有他的老妻。记得他事业蒸蒸日上时，在大学做教授的妻子没有向他索取分文。孩子老人是她照顾，里里外外都是她承担。为了弥补内疚，他给妻子买了两件礼物：名表和名牌女士手袋。在儿子高中毕业上大学前夕，他为儿子收拾行装时，却看到那两件礼物一直被妻子压在箱底，用绸子包得十分仔细。问及此事，妻子说："这么贵重的东西，用坏太可惜了，还是给我未来的儿媳妇留着吧。"

亚洲金融风暴时，不乏投资人在一夜之间玩得倾家荡产的事例。一位五六十岁的男人，就是在这场风暴中一败涂地。但令他老泪纵横的是，他的妻子一直在身边守护着他。当年他春风得意时，曾把妻子看成是寻欢作乐的累赘。但此时，当他欠了一屁股债的时候，妻子却毫不犹豫地拿出他买给她的所有首饰珠宝，让丈夫全部变卖抵债。生意场上的花天酒地让人迷醉一时，但聪明的男人总会及时回到发妻身边。大部分人走不回来，也有人想走回来，但因为走得太远，已是万劫不复。

4. 女人要学会放弃

生活并不需要这些无谓的执著，没有什么就真的不能割舍。女人学会了放弃，生活才会更容易。

在落泪中留下身影，将昨天埋在心底，有个轻松的开始。许多的事情，总是在经历过以后才会懂得。一如感情，痛过了，才会懂得如何保护自己；傻过了，才会懂得适时的坚持与放弃，在得到与失去中我们慢慢地认识自己。

每一份感情都很美，每一程相伴也都令人迷醉。不能拥有的遗憾让我们更感缱绻；夜半无眠的思念让我们更觉留恋。感情是一份没有答案的问卷，苦苦的追寻并不能让生活更圆满。也许一点遗憾，一丝伤感，会让这份答卷更隽永，也更久远。

有个男士饱受一位前女友骚扰，而且骚扰范围之广，有点像古代的“诛九族”，所有亲戚朋友都备受这位不甘离去的女友的电话恐吓。后来他亲自去恳谈和解时才发现，原来他的前女友已经有新的同居人——她自己有新欢，但就是不让他轻松如意。新的已来，旧爱还不愿割去。

最近还有一个令人震惊的例子，一位在婚姻关系中不断有外遇的丈夫，在因殴打而与妻子离婚数年后，还来向前妻泼硫酸，导致前妻一眼失明，全身百分之四十烧伤。她失去工作，严重地破了相，更必须抚养两个孩子，还在担心因伤害罪入狱的前夫假释出狱来继续伤害她。更可怕的是，她的前夫沾沾自喜地叫人来传话：“现在你没人要了吧，我还是可以要你，你乖乖把孩子带回来……”

一个永远不想失去你的人，未必是爱你的人，有时只是这种脑袋不清醒的强烈占有欲者，他们才会做出各种“损人不利己”的事情。

谁说喜欢一个人就一定要和他在一起。有时候，有些女人，为了能和自己所喜欢的人在一起，她们不惜使用“一哭二闹三上吊”这种最原始的办法，想以此挽留爱人。也许这留住了爱人的人，但是这却留不住他的心。更有甚者，为了这而赔上了自己那年轻而又灿烂的生命，可能这会唤起爱人的回应吧，但是这也带给了他更多的内疚与自责，还有不安，从此快乐就会和他挥手告别。其实喜欢一个人，并不一定要和他在一起，虽然有人常说“不在乎天长地久，只在乎曾经拥有”，但是并不是所有的人都会快乐。喜欢一个人，最重要的是让他快乐，因为他的喜怒哀乐都会牵动你的心绪。

无论是喜欢一样东西也好，喜欢一个人也罢，女人与其让自己负累，还不如轻松地面对，即使有一天放弃或者离开，女人也学会了平静。

5. “闪电式结婚”后患无穷

结婚本身很简单，关键是要选好结婚的对象，选对了一辈子幸福，选错了则是一辈子的遗憾。

如果两个人看对了眼，觉得应该住在一起过日子了，领个结婚证实在简单。然而“闪电式结婚”以后的生活就不好说了。

大学毕业后，健做了远洋货运船上的海员，一年出航几次，一出门就是两三个月。因为父亲早逝，作为独子的健，怕自己出航后母亲感觉孤独，所以大学一毕业，就仓促地与上学期间别人介绍的师姐结婚，希望妻子能代替自己照顾母亲。

头年结婚时小两口的日子甜甜蜜蜜，可是到了第二年，问题就出来了。健的母亲是大学教授，平时忙着教学研究，日子过得很充实，而且人也开明，家务很少需要儿媳过心。而且婆婆一再对媳妇讲：趁着健和她都还年轻，还没有孩子，好好珍惜光阴，多学点东西。所以儿媳每天没日没夜忙于工作，周末都要加班。这种现象也让婆婆很欣慰。

一次，健出航回来，恰逢妻子去加班了，于是健自己陪着母亲去逛公园。没有想到，在湖畔，一个熟悉的身影闪现眼前，而且正在跟一个男人打得火热……健根本不敢相信自己的眼睛，正在他不顾一切地要冲上去的时候，母亲把他拉住了。

傍晚，妻子回到家，说加班很累，晚饭已经吃过，想先去休息睡觉了。健再也按捺不住，质问起了妻子，但妻子一再否认自己有婚外情，一再说自己从未做过对不起健的事情。在这次探亲假期间，两个人始终在吵架，直到丈夫带着无尽的伤心继续远航。

在远洋长途跋涉的航海日子里，健也在想：她一个女人也不容易，原谅她吧，原谅她吧。于是再一次回到家乡的时候，他对妻子说：“我原谅你。”可是妻子却不领情，还反咬他和他母亲纯属无中生有。

最不可思议的是，这一次见到母亲，健发现她竟然老了许多，头发也全白了。问起缘由，老人只是默默地流泪。后来健才知道，他的妻子常常用恶毒的语言中伤这位善良坚强的母亲。即使这样，母亲还一直在劝说他们和解，但健已下定了离婚的决心。

健当初就读的学校几乎全部是男生。有限的女生，他也都看不上。毕业时，仅仅是为了母亲才草草完婚，不想竟事与愿违。妻子坚决不同意与健离婚，两人从吵闹陷入了冷战，健的心也变得越来越灰暗。记得健这样说过：“当时我们仅仅认识了八个月就结婚了，而离婚之路，让我耗费了八年啊！”

婚姻是关乎一辈子的大事，在做出选择时一定要慎之又慎。对方是不是你愿意共度一生的人，是不是值得你付出全部爱的人，当这一切有了一个肯定的回答时，你就可以做出选择了；如果你对一切都还不确定，那就先不要结婚，因为在不确定的背后会有许多“后遗症”。

6. 离婚容易复婚难

在婚姻的“战场”上，几多英雄美女，几多聚散离合。当人们被婚姻伤害之后，想要重新开始一段感情是异常艰难的。社会的压力已经使男人女人都疲惫不堪了，婚姻在他们眼中已不是那么重要了。

也许人生就是一出闹剧，如果大家都和和美美就没什么看头了，所以近年来离婚指数一路高升。但好多人都是不明不白就把婚离了，人有时候是迷惘的。

张峰已经离婚几年了。虽然这些年来事业腾飞，追求他的女人不断，但是对于再找一个人与自己过日子，他不仅不敢想，而且没有信心了，因为与前妻的情爱让他至今百思不解。

有天晚上，当刚刚从外地回家的他精疲力竭地倒在沙发上时，最要好的朋友打来十万火急的电话，让他马上打开电视。

张峰听了就来气：“看什么无聊的闹剧，我连睡觉的时间都没有。”

“告诉你打开，就打开，快点，你以前的老婆正在讲你。”

“什么？”张峰跳下沙发，按下遥控器，屏幕上正好是前妻脸部的特写，泪水滴滴落下。这时传来主持人的话外音：“作为女人，在事业成功之后，回头想一下，有什么事情让你遗憾？如果让你重来一次，你会怎么走？”

前妻说：“我一生中犯的最大错误，是与深爱着自己的丈夫离婚；最遗憾的是再也没有找到比他更好的人。”这段肺腑之言，是一个女人对着千万观众说出的，张峰的感受已难用语言表述。

当初张峰在大学里教公共外语，工作很轻松，大部分时间都在为天天忙碌在外的妻子做着家务后勤工作。久而久之，风言风语来了——丈夫没有出息了，没有事业心了，丈夫挣钱还不够老婆花了……说得张峰终于按捺不住，辞去了大学的职务，与两三个朋友一起开起公司来。生意越干越红火，天天都在外面跑，妻子在家等他的时间渐渐开始多了。这时，妻子又开始唠叨了，说丈夫不关心她了，不再爱她了等。

最终有一天张峰站在妻子面前问她：“我从来不知道你到底要什么？”

妻子没有好气地说：“我要离婚。”

“离就离吧！”张峰气往上冲，也没有含糊。

两个人还没有孩子，离婚办得很干脆。张峰把全部财产都留给了前妻。因为他不想留下任何亏欠。

“既然你如今也是单身，听了前妻如此动情的话，为何不再复合啊？”事后朋友打来电话问。

张峰说：“突然听到曾经在我面前这么强悍的女人当众说出这些话，确实很感动。之后我打过电话给她，但是不知怎么，离婚的那张纸告诉你的就是你们两个人已经分开了！它像一条无法逾越的鸿沟。更重要的原因是，我实在太累了，人已经麻木，实在不想再回头。”

有人说，婚姻使人成熟起来。不错，在婚姻的历练中，人们才知道自己想要什么，现实已经很残酷了，自己为什么还不善待自己，给自己保留一份轻松自在呢！

7. 外遇不是一个人的错

俗话说，苍蝇不叮无缝的蛋。外遇的发生，要溯源于家庭；外遇的遏制，关键也在于家庭。虽然人们可以通过克制与容忍等美德来自律，但夫妻之间的感情才是最重要的保障。

在婚外情与第三者出现时，我们习惯用理念道德鞭笞对方，然而情感的问题是双方的事，一个巴掌拍不响，夫妻双方都有责任。而且怪罪与责问无法解决根本问题。

一位女士讲述，丈夫虽然与她同床而眠，但两人中间一直放着一个枕头，因为他外面有女人。所以想起这个丈夫，妻子就感觉恶心。当别人问她，如果不想妥协或者结束僵局，为何要与丈夫生活在一起？她说是为了孩子，不想离婚。可是孩子固然重要，但如果夫妻同床异梦，只是为了孩子凑合婚姻，那么孩子长大了，对父母不但不会有丝毫感激，而且也会对自己的婚姻抱不负责与轻视的态度。因为，卧室里的恩怨，一定会带进客厅。孩子不是傻子，当然会被潜移默化。夫妻诚实地面对出现的婚外情，才是对人格的捍卫，对婚姻的尊重。

一个完整的家并非物质的堆积，一段完整的感情，也并非两个人住到一起就行了。

每个家庭就好像我们的指纹，几十亿的手指，没有一个指纹相同。当今中国有很多中产阶层的中年夫妻经济条件越来越好，从基本的家务到孩子的教育，钱能买司机，买佣人，买老师，买这买那，但是钱绝对不能买的东西是：为老公买女人，为老婆买男人。对于夫妻来说，两人最温馨的地方就是这栋房子，反正有钱，里里外外都叫别人收拾，孩子出生后也可以不再操心，然而上床的事情，就是丈夫与妻子的私事了，哪怕妻子不在家，妻子不想做，丈夫必须等待，苦也好，愤也好，憋也好，反正就是他与她的事情。

克制与容忍是件非常高尚的事情，读者会问，你在说什么？我要说的是情意，除了夫妻之外谁也不应该代替的生活细节，涓涓留下的记忆。记忆包括什么呢？比如：先生回家，是妻子开的灯，而不是佣人；先生在外劳累，是妻子做上可口的饭菜，而不是厨师；清晨子女睡梦中，是妻子把他们唤醒，早点是妻子放在餐桌上，而不是保姆；大家围坐一起看电视，是妻子给丈夫递来一杯热茶，给孩子拿上一盘水果，而不是保姆……这样的点点滴滴绝非可以用一个家庭工人取而代之。生活中，作为妻子，你到底给了丈夫什么？婚姻中发生外遇，如果妻子不在乎，可以另当别论，如果妻子要把丈夫的心收回来，就一定要去做好生活的方方面面。一个女人、一个主妇有责任尽力维护一个家的温馨。这不是钱可以代替的，也不是佣人可以代替，因为谁也代替不了一个女人用心编织出来的柔情。说了这么多，希望揭示的是人们不解的婚外情，还有为何会发生婚外情。

稳固的婚姻和情意，是一点一滴，你做我做，你给我给，你奉献，我欣赏，你主动，我再努力，一丝一丝留下来的。如果让你回味儿时记忆最深的事情，也许第一个闪现在脑海里的人，是爷爷，奶奶、外公、外婆，而不是我们的父母，为什么呢？谁付出得最多，我们最先记得的就是谁。如果你的丈夫发生外遇，那是什么原因让他与你之间没有情感纽带的约束力？

美国通用电气公司的CEO韦尔奇在自传中就曾讲到他的母亲。小的时候，他家里很穷，母亲每天都要在天不亮的时候起来，从夜里烧剩下的煤里拣出煤核给全家生火。孩子们起床时，母亲已经在做早餐了。当韦尔奇已年过半百之时，想起这些，他还会落泪。

在荷西去世后，面对众多追求者，虽然三毛执意重复着“我真的好想再谈一次恋爱”，但是对于她来说，昔日荷西给她的感觉却始终挥之不去，没有什么可替代。

风流韵事缠身的克林顿总统呢？在做有着生命危险的心脏手术前，他向妻子希拉里忏悔，痛哭流涕地告诉她：“我最爱的人是你！”尽管他身边曾经女人不断，但有一种感情让他对妻子始终放不下。

大凡事业有成的中国企业家，他们在婚姻状态上，基本上都是与原配夫人在一起。而且，这些男人之所以事业有成，与他们稳固的家庭支持分不开。对一个家庭肩负责任的男人，同样会对自己的事业负责。

如果你留意观察现实中的恩爱夫妻，就不难发现，他们始终在以不同的形式，一次又一次地重新恋爱。

8. 你与他人藕断丝连，我只能与你一刀两断

在恋爱过程中，有的人虽然已经重新投入了一段感情，但仍与前恋人撕扯不清，如果你的恋人也属于这种人，劝你赶紧采取积极措施，如果无法补救，还是友好地“再见”。

任皓深恋着女友晓代，却发现晓代仍与过去的男友时常来往，他们二人时不时通个电话，出去吃顿晚饭什么的。任皓因晓代与前男友的藕断丝连而妒火中烧，冷静地思考了一下，决定找晓代谈谈。当他把自己的想法说出来后，没想到晓代不但不想谈此事，还大骂任皓神经有问题。之后照样与前男友约会吃饭，对任皓非但不解释，甚至连接电话时都与前男友聊得火热。任皓在冷静两天之后，果断地提出了分手。

在现实生活当中，女友仍与过去的恋人来往的情况并不少见，它确实让当事人感到头痛难办。那么，遇到这种情况时如何解决呢?

头脑冷静，才不可能作傻子，你首先应该坐下来思考一下。女友既已放弃了从前的他，说明你有令他心动之处，说明你比那个人更优秀、更理想，你应该对自己充满信心。

不动声色，体贴胜从前。这是你的第一步行动。既然你比她从前的男友有着更优秀之处，为什么她还念念不忘那人呢？也许是你忙于工作冷落了佳人，也许是你性格刚烈唐突了女孩。女孩子是感性的动物，刚刚相处，也许会被你的风度、气质所迷倒，但长时间的相处中，体贴、温柔自

是必不可少，哪一个女孩子不希望雨天有人送伞，雪夜有人披衣呢？虽然这是些小事，但女孩子的“小心眼儿”却盛满了这温馨的小情调。如果这时，你不动声色，体贴胜过从前，哪一个女孩不会陶醉在你那片温柔之海里呢？

睁一眼闭一眼是你的宽容和大度的体现。如果他们仅是吃吃饭，通通电话的简单交往，你大可睁一只眼闭一只眼。因为好多事情越叫真儿越出事，越想捉鬼越出鬼，“天下本无事，庸人自扰之”。女友不可能认识你之后便和天下男人都断了往来，你也不可能将她时时拴在自己的腰带上。放心大胆地去让女友向前走，她反而会因你的大度宽容而爱你更胜从前，从此一心一意待你。这样，你岂不未动一兵一卒而大获全胜吗！如果你发觉女友与对方确实有死灰复燃之态，而你又真爱对方，不妨坐下来认真同对方谈一次，要开诚布公地表达你对她的爱恋和诚挚之意。同时认真地指出，爱情是神圣的又是专一的，不可能同时把心奉献给两个男人，希望对方能当机立断，作个选择。谈话的态度应诚恳而又严肃，既单刀直入又不卑不亢，而她如果迷途知返，那你们就有回头是岸的希望。

真的到了关键时刻，你就要快刀斩乱麻。如果作了以上努力，女友还是剪不断，理还乱，或者觉得从前恋人更中意，又与他恢复了关系，亲近他而疏远你，那么你就应当明智地离开她。像莎士比亚说的那样：“当爱情的浪涛被推翻以后，我们应当友好地说一声‘再见’！”

9. 离开占有欲太强、疑心过重的男人

占有欲太强的男人很容易走极端，因为爱情最可怕的副作用，就是占有与猜忌。要是占有欲与猜忌心强的话，被爱的一方就会有被监控的压抑感。如果人身自由都没有了，还谈什么爱不爱？

王若活泼美丽，人见人爱，却偏偏交上个霸道、专横的男友。男友深爱着王若，却又时刻担心她“红杏出墙”。每次王若有社交活动，他都百般盘问，还诬陷她跟男人约会，有不正当的暧昧关系。甚至他还跟踪王若，只要见王若跟男人交往，他就妒火中烧，大发雷霆。最后他对王若下了禁令：不许再同异性交往。王若不想惹恼男友，又不想放弃同异性的正常交往，于是陷入深深的痛苦之中，无法找到一个圆满的解决办法。

爱情是专一的，但一些男人嫉妒心太强，过于霸道，的确无法让女人接受。其实，男女交往理解是爱的基石。

平时多交流，你的恋人了解你的工作及所从事的业务，理解你与异性正常交往的意义，尽量取得恋人的支持。甚至可以考虑把他带人你的工作圈和朋友圈，让他理解你工作的艰辛，以及异性合作工作的价值。这个世界毕竟是由男人女人共同合作而创造的，女人若想在社会上立足，自然离不开男人的扶助与支持。男友理解了你，对其他男人的敌意自会消失。

如果他真是出于对你的关心，那么就应该做好说服教育工作，使恋人眼界开阔、胸怀宽广。如果恋人的醋意大发，是因为他本来就是一个

思想狭隘、缺少修养，把女人当做他个人的附属品和私有财产的人，这种“恋人”还是早早分手为好！避免与占有欲强的人谈恋爱，是很重要的认识。

车尔尼雪夫斯基讲过：“爱一个人就是希望他幸福。可是没有自由便没有幸福。你不愿束缚我，我也不愿束缚你。如果你因为我而受到束缚。你就会使我感到痛苦。”对于正常有益的异性交往，真正理解爱情的恋人是不会给你束缚的，不要被对方貌似“爱”你的占有欲迷惑了双眼，今日你为他的“多情”感到甜蜜，明日很可能被他的多疑所误！

要知道，钻进死胡同的爱，其实是具有毁灭性的力量的！

10. 欲望不等于爱情

爱情离不开欲望，但欲望不等于爱情。爱情是专一的，而欲望则比较盲目。恋爱时产生欲望和冲动，应理智地处理，不可盲目屈从。否则将带来怀孕、经济拮据等麻烦，最终会影响感情。

何坤与宁玉相识不久，双方颇有好感。何坤的爱更是与日俱增，面对体态丰腴，貌若天仙的宁玉，何坤心中总有一种克制不住的欲望与冲动。终于有一次，他想“先斩后奏”、“生米煮成熟饭”。一番挣扎之后，宁玉重重地打了何坤一记耳光，愤然离去。

青春期热血沸腾，在恋爱中最容易产生欲望和冲动，如果能够自我控制，倒也无事。可有些人却偏偏控制不住自己，不尊重对方的意愿，不考虑对方的生理、心理是否达到同步，操之过急随意发泄，其结果只能给纯洁的爱情罩上一层阴影。热恋期间，有的男人就想要以性表达爱，也有的女孩子以为把自己的一切都交给对方，才足以证明自己是爱对方的。其实这都是不可取的。

人之所以被称为万物之灵，是因为人的情爱和性行为是受人的高级中枢神经系统控制的，懂得在何时、何种条件下可以发生冲动，而不是任凭性的本能随意发泄。性爱绝不是也不可能成为不可遏止的支配人的力量。在性爱面前，人可以动员自己的意志力，有意识地控制自己，不能放纵，任其奔驰，毫无节制。当这种欲望和冲动产生时，应及时地提醒自己，用理智的力量缓解这种欲望和冲动。

作为女性，要学会在关键时刻转移对方注意力，以免造成不可收拾的局面。如果俩人在花丛中谈心，一方有了这种欲望时，另一方应立刻提议向湖边、向人多的地方走走。当在室内两人谈话发展到感情炽热的程度时，可打开收音机听听悠扬的音乐，这些都会使这种欲望冲动得到转移和分流。还可以把话题的内容由家长里短、置买什么样的家具、怎样布置房间这些家庭琐事升华到讨论前途、理想，谈论工作、学习上去……

还有一点必须谈及的，是热恋中的男女青年，当一方发生冲动有了这种要求时，另一方应当保持冷静、理智，机智平和地化解冲动。也许他只是一时冲动而已，而并非无耻下流之徒。

11. 不要接受不爱的人

爱就是爱，不爱就是不爱。要给对方一个明确的答案，以免耽误彼此的时间。因为爱需要坦白，爱最忌拖泥带水。

欣欣在运动场上结识了张南，小伙子精明能干，人长得也很帅，但欣欣对他并无爱心，而且自己事业心很强，不想在大学期间谈恋爱。张南频频发来爱的信号，欣欣都装作不知。后来，张南亲自来找欣欣，并搬动自己的几个哥儿们充当说客，这下可为难了。欣欣很理解对方良好的愿望和动机，也很体谅对方的自尊心和在朋友中的面子，便给张南写了一封拒绝信，信中清楚地表明了自己的态度和拒绝原因。张南接到信后，内心震动很大，也很苦恼。后来张南毕业了，但每隔一两个月，都到母校来缠她。欣欣感到有一种潜在的危险，单靠自己的力量是不能摆脱的。经过慎重考虑，便将此事告诉了张南大学时的辅导员，并与辅导员一起找张南做了一番推心置腹的长谈，终于使张南接受了被拒绝这个事实。

如果爱你的人正是你所爱的人，被爱是一种幸福。但是，假如爱你的人并不是你的意中人，或者你一点也不喜欢他，这份爱就成了你的精神负担。这时候，你就想关闭爱的大门，可这门却不是随便就可以关上的。有些女孩子由于涉世未深，遇到这些情况时，常不知该如何拒绝，于是一拖再拖，反而使对方误解了意思，最后造成了很不好的影响，甚至是严重的后果。

拒绝求爱的方法有多种，从形式上来看，可以用书信，可以口头交谈，也可以委托别人，但不管用什么样的方法，一定要把握果断原则。

你若已有意中人，又遇到了求爱者，那么就直接明确地告诉对方，你已有爱人，请他另选别人，而且一定要表明你很爱自己的恋人，千万不要拖泥带水，留下活口。同时，切忌向求爱者炫耀自己恋人的优点、长处，以免伤害对方的自尊心。

倘若你认为自己年龄尚小，还想继续升学或深造，不想考虑个人恋爱问题，那就讲明情况，好言劝解对方，以免耽误对方终身。

倘若你根本不喜欢对方，可以在尊重对方的基础上，婉言谢绝。对自尊心较强的男性和羞涩心理较重的女性，最好委婉地、间接地拒绝。因为有这类心理的人，往往是克服了极大的心理障碍，鼓足勇气才说出自己感情的，一旦遭到断然地拒绝，很容易受伤害，甚至会痛不欲生，或者采取极端的手段，以平衡自己的感情创伤。因此拒绝他们的爱，态度一定要真诚，言语也要讲究寸分。找适当的借口拒绝不失为一种智慧的做法，比如："我现在想好好学习（或工作），不想谈恋爱，请你谅解。""我父母不希望我这么早谈恋爱，我不想伤他们的心。"虽然言语委婉，但拒绝态度一定要坚决，不要给对方留一线希望，免生后患。

如果这些自尊和羞涩感都挺重的人没有直接示爱，只是用言行含蓄地暗示他们的感情，那么你也可以采取同样的办法，用暗含拒绝的语言，用适当的冷淡或疏远让他（她）明白你的心思。

如求爱者是那种道德败坏的人，你的态度一定要果断。拒绝一定要冷淡，对这类人也无必要斥责，只需寥寥数语，表明态度即可，但措词语气要严谨，不使对方产生"尚有余地"的非分之想。

如果在你回绝后，对方还一个劲地缠住你，那么你首先要仔细检查一下自己的回绝态度是否不够明确和坚决，对方是否产生了误解；如果是来自对方的原因，就要寻求帮助来解决。

12. 勿脚踏两条船

爱情是专一的，爱情是私有制的。如果有谁想脚踏两只船，鱼和熊掌兼得，那最终的结果只有一个：一脚踏空落入水中，鱼与熊掌什么都得不到。

郑浩、方兵与蕾蕾是大学同窗，二人对蕾蕾都颇有爱意。郑浩沉稳持重，方兵机智幽默，蕾蕾一时拿不定主意到底该爱谁。于是三人糊里糊涂陷入“三角”之中。后来，郑浩对这种痛苦的爱情游戏感到厌倦了，只身去了另一座城市。方兵一下子失去了对手，并没有喜悦，反倒觉得蕾蕾视爱情为游戏，并不值得爱。于是，他也离开了蕾蕾。原本被爱情的氢气球带得脚不沾地的蕾蕾，突然陷入失恋的痛苦中。

三角关系不是正常的恋爱关系，它使深陷其中的三人都品尝不出爱情原有的甜蜜，而只会感到苦涩，最终还有可能产生恶果。因此，一旦你陷身其中，要果敢地退出来。

像上述的三角关系在生活中处处可见，好多女孩子既想得“鱼”又想拥有“熊掌”，哪个都不想放弃，可有句话说得好“贪多必失”。爱情是专一的，如果你说想玩脚踏两只船的游戏，迟早你会两脚踏空，掉到河里的。

假如你和另外一个人同时或先后爱上同一个女孩子，你不必苦恼，应该说你是个很有眼光的人，说明女孩很优秀，值得你去爱。你要冷静地考虑一下你和竞争对手谁的性格、志趣、爱好更能与对方合得来，另外对方的相貌、健康状况、人品德行等也是必须考虑的因素。当对方选择了你或者另一位作为恋爱对象后，要将全部的爱心献给心上人，与另一位则不能藕断丝连。在必要的交往中，言谈举止要有分寸，不能显得过分亲切，要保持一定的距离，使对方明白自己的恋爱倾向。假如你和另一人同时或先后爱上同一个人，你应该考虑你们所爱的人是否也爱恋你们。如果他（她）对你们中的任何一个都不爱，你们只属于一厢情愿而已，这说明你和另一人都闯入了爱情的误区，要以豁达的胸怀、快捷的脚步从误区中走出来。

假如你同时或先后爱上了两个人，你应该选择其中最爱的一个，把你的爱全部给他。千万不要脚踏两只船，否则，最终会两脚踏空，落入水中，害了自己。

有些陷入"三角恋爱"者无法拒绝两位求爱者之一的原因，是因为他们各有优点。如果能将两个人的优点合在一起就好了，可惜不可能。因此，只能看谁的优点更适合自己进行取舍；都想要，反而都得不到。

三角关系中必然出现感情的竞争，因为爱情是具有排他性的。但作为其中的一个竞争者，要看清对方是真的爱你，抑或只是把你当做工具利用你的情感达到自私的目的，如果是后者，则应早早退出恋爱，以免耽误自己的青春，浪费自己的感情。如果对方真的是爱你，那就应该劝她与自己的竞争对手划清界限，以免节外生枝。一些年轻人自诩为"开放青年"，把恋爱视如儿戏，朝三暮四，见异思迁，脚踏两只船；还有些年轻人把恋爱当做金钱的交易，欲望的满足。这些都是轻浮，放荡和缺乏自尊自爱的行为，这不但玩弄了自己的感情，也践踏了别人的感情，贻误了美好的青春时光。所以，要远离"三角恋爱"的误区。

13. 当爱已不在，还是分手快乐

莎士比亚说过：“当爱情的波涛被推翻后，应当友好地说声‘再见’！”当爱已消逝，腻在一起还有什么意思呢？成全对方，也是成全自己，一段感情的结束也是另一段感情的开始，分手也是一种快乐。

许巍和任倩相恋，最初两情相悦，关系非常亲密，半年之后两人就定了亲，定亲时许巍花了不少钱。可是，没多久二人之间的关系便出现了裂痕。许巍原是一名公务员，工作虽然稳定，但赚钱很少。于是，想趁年轻“下海”试试身手。谁料商海浮沉，不但没赚到钱，反而负了很多债，许巍为此苦恼万分。任倩本指望许巍一举成为大款，自己也能跟着风光一时，没想到许巍商海沉了船，于是唠叨埋怨不止。不久后，任倩又提出分手。许巍知道任倩迟早会和他分手的，他满足不了任倩的虚荣心。于是，许巍同意分手。许巍欠了一屁股债，因而对定亲时花的那些钱比较在乎，他多次向任倩追要，任倩就是不给。许巍一怒之下找来亲朋好友到任倩家大打出手，把任倩打成重伤，而且还毁坏了她家不少家具，许巍也因此被送进了派出所。

谁都希望恋爱时甜甜蜜蜜，并最终走进结婚的殿堂。可事实上并非如此，有许多不太幸运的人在和恋人经过一段时间相处之后，会逐渐感到不适应，不满意，从而产生恋爱挫折。有的恋爱挫折经过双方共同的努力调和，重新修复，反而会爱得更真，爱得更深。可是有的恋爱双方不但不能和好，反而产生了不少矛盾纠纷，甚至激化到相互伤害的程度，给自己也造成了许多遗憾。

恋爱中产生纠纷的双方应以上面的故事为戒。处理问题时，千万要冷静，不可意气用事，做出过火行为，否则引起的经济账就更不好算了。

因为当事双方最熟悉纠纷的原委，只要双方冷静理智，多考虑对方的难处，是不难解决的。同时不管结局如何，都要有解决问题的诚意，切不可因为恋爱不成，便记恨在心，专挑对方的毛病，专门给对方寻找麻烦，制造痛苦，以为这样才能解心头之恨，才会使自己感到舒服一点。其实这种打击报复的做法是相当狭隘的，一方面表明你的涵养和素质低下，显示了你心胸狭窄；另一方面给对方造成痛苦，你自己也不一定会得到真正的快乐。甚至于如果做过了头，你自己反而会受到道义、甚至法律的处罚。

当恋爱出现纠纷时，常有的心态是将责任推向对方。这时昔日对方身上笼罩的光晕就消失了，取而代之的是心中的阴影，将对方的长处埋葬了，只突出对方的短处，并越放越大，最后的结论是对方一无是处，产生恋爱纠纷的责任完全在他（她）而不在自己，往往把自己当成无辜的受害者，满心委屈，一肚子闷气。持这样的态度可能激化矛盾，使矛盾扩大升级、最终不可收拾。真正要解决恋爱纠纷，应多作自我批评，防止加剧感情裂痕，铸成难以收拾的后果。如果双方仍有爱意，旧情难舍，就应该多想想对方平时给自己的关心、爱护和情意。昔日的温情往往能弥补争吵产生的裂痕。

一旦发现对方情意已绝，坚持中断恋爱关系，确无合好的可能，也要面对现实，为了今后的长久幸福，最好果断地中断恋爱关系。

此外，在处理分手事宜时也要干净利落：

一、把对方寄来的情书退还对方。这样做既可以避免见物伤情，又可以去除心病，坦然开始新生活；以后寻找恋人时可以减少不必要的误解和麻烦。

二、在恋爱中用于共同吃喝游乐的费用，不管谁花得多，谁花得少，以不结算为宜。因为这些零杂费用即使想清算也很难算清，再者清算过程中还可能会激发矛盾。

三、对于互赠的礼品，一般可以不索还。如果怕睹物伤情，也可主动归还。但贵重物品，提出中断关系的受赠方应主动退还对方，因为赠予珍贵礼品是以存在恋爱关系为前提的，一旦中断恋爱关系，其赠送的前提已不存在，对于一些以礼金形式出现的钞票，则应主动退还。这本身就在情理之中。如果拒绝退还，反而显得虚荣没素养，品性恶劣。不能让失恋一方在承受失恋沉重的打击之后，还要蒙受经济上的重大损失。

在解决恋爱纠纷时，要尽可能以和平手段为主，最好能请一个调解人，但千万不能以武力解决，那样只能增加额外的经济损失，弄不好可能会弄出民事或刑事纠纷来。

14. 走出失恋的阴影

爱情并不是人生的全部内容。人不仅有爱与被爱的需要，还有自我价值实现的需要！失恋并不意味着失败，错过了花你可能会收获雨。不要为打翻的牛奶哭泣，否则你将会失去更多……

刘佳与季平青梅竹马，相恋多年，就在他们即将走进神圣的婚姻殿堂时，远在深圳的季平突然提出分手，并告知他已另有所爱。心痛欲碎的刘佳几乎要崩溃，终日神思恍惚，以泪洗面，不能自拔……

失恋是一把刀子，它一点点吞噬着你的心，让你求生不能，求死不得。失恋是爱情的阴影，当你重新面对或开始一段感情时，它就像一个幽灵一样突然冒了出来，使你重又回到恐惧中。一般说来，想要迅速走出失恋是不大可能的，医治失恋的最好医生就是时间。失恋总要经过一个从霄震似的轰击感到焦灼的痛苦燃烧感再到烦躁不安到冲动平息的过程。前两个阶段是“危险期”，有长有短，但只要闯过了危险期，以后就可以逐渐从失恋的痛苦中摆脱出来，走上“康复”之路。所以，你不必绝望，不必着急，痛苦会随时间的流逝不知不觉地慢慢消散。当然，或许在忧郁的某一天，心中还会隐隐地作痛，但毕竟最痛苦的时光已经过去了，你应该欣喜。

失恋之后的一个重要“功课”就是反思，即明智地善待自己，合理地评价自我、爱情和生活,要非常理智地算一笔“失恋账”。心态不同的人会得出不一样的结算效果，但大体上都可以从正、反两方面来分析。

悲观者核算的结果如下：

（1）以偏概全——天下女（男）子都是不能信任的负心人。

（2）糟糕透顶——没有爱情，活着还有什么意思。

（3）追求完美——所有的痛苦都是不好的。

（4）自我批评——对方不要我都是我的错。

而乐观豁达的人则会算出一笔“光明账”：

（1）驿路梨花处处开，天涯何处无芳草。

（2）失恋并不能说明我整个人就是失败者。

（3）一个人不爱我不等于其他人也不会爱我。

（4）错过了花，我将收获得雨。我仍具有爱的权力。

（5）失去我，他到哪里去找一个善良的爱人，错过我是他一辈子的失误。

（6）爱情并不等于人生的全部。

（7）很多人都经历过失恋，这并不丢人。

（8）“吃一堑，长一智”，士别三日，当刮目相看。

（9）失恋也是一种财富，痛苦的经验可以帮助人成熟。

（10）问题不一定都出在我身上。我不负人，问心无愧。

生活中，你千万不可钻牛角尖，自讨苦吃。如果你自认为失恋就是致命的伤害，那谁也救不了你。但换个角度看问题，一切自会豁然开朗！

不可避免地，失恋者对伤害自己的人会本能地产生仇恨。歌德在《少年维特之烦恼》中描写了维特失恋时疯狂已极的心情：“在我破碎的心中常有一个念头疯狂地纠缠不休——杀死你的丈夫！——杀死你！”“爱有多少，恨就有多少。”甚至有人会用毁灭自己来报复对方，企图因此让对方悔恨终身。许多人当初对待情人如“春天般的温暖”，一旦自己的占有欲得不到满足，就转而如“秋风扫落叶”般无情地对待“敌人”！早知如此，何必当初，即使对方确实在某些方面对不起你，但残酷的报复又能挽回早已消逝的爱情吗？毁掉了别人，同样毁掉了自己的毕生幸福！为一个不爱你的人付出这样大的代价是否值得？在恋爱的道路上，你必须精心算好每一笔账。你要是真正爱对方，就应当为对方着想，尊重对方的选择。何况，“爱情不成友谊在”，爱一个人，如果得不到对方，那就默默地把这份感情埋在心底，将其化作真诚的友谊吧！

“要医治失去一个美丽女子的创伤，最好的药物就是另一个同样美丽的女子……”在失恋者的眼中，曾经的她自然是世界上唯一的西施。但是，如果你换一种眼光去搜寻、审视、比较，或许会惊讶于自己的发现！他（她）并非如你所想的那样，那么完美无缺。当你再一次坠入爱河时，蓦然回首，也许会发现：“塞翁失马，焉知非福”！钢琴大师李斯特17岁的初恋失败后痛苦异常，一病就是两年；并发誓要进入修道院。后来他结识了女作家达古夫人，从新的爱情中得到了拯救。《理智与情感》中，玛丽安娜失恋后悲痛欲绝，对母亲说：“我世面见得越多，越觉得我一辈子也见不到一个我会真心爱恋的男人。”她自我作践，差一点送掉性命。但姐姐的榜样，使她变得理智起来，用行动否定了她的“格言”，她发现自己屈从于新的情感，担负起新的义务，把她的整颗心完全献给了丈夫，过上了美满幸福的生活。

爱情并非人生的全部内容。人不仅有爱与被爱的需要，还有更高层次的需要，那就是自我实现的需要！令你感兴趣的事情或工作也是治疗失恋的良药。你已经失去了一次爱情，难道你还要因此而失去生活的目的和意义吗？歌德正是根据失恋的亲身体会，把失恋的痛苦升华为创造的动力。写出了轰动一时的《少年维特之烦恼》。正所谓“祸兮福所倚”。

15. 我的魅力而不是钱（权）的威力

当你前程似锦时，情人来锦上添花；当你失意落魄时，情人先离你而去。（他）她爱恋的是你的钱（权），还是你本人？

张显亭是一公司的总经理，如果没有那次外遇发生，他绝对是个女人们眼中的理想丈夫。他对家依恋，对妻子忠诚，在公司被视为榜样。他所在的进口公司有不少漂亮小姐，但他从未对谁动过心。然而，在一次宴会上他认识了一个叫贺妮的女人，自从认识贺妮后，这个‘榜样’开始变质了。在他与这个女人之间展开了一场爱情游戏与冒险。

7月底，女儿放暑假，妻子决定利用工休假带她回哈尔滨老家。这天贺妮给他打来电话，晚上他去了她那里。短短的两周时间，他俩仿佛做了一个世纪的夫妻，尽相厮守、彻底放纵，简直像犯了毒瘾。8月17日，妻子回来了，她换洗窗帘、桌布和床罩，煲汤、炖鸡做晚餐……老实说，妻对他真是无比温柔体贴。然而，当他接触到妻子的身体时，竟有一种陌生的感觉，尽管她很配合，但他仍找不到兴奋点。这自然使妻子感到意外和失望，但她却反过来安慰他，一再表示没什么。从那以后，善解人意的妻子经常给他炖一些壮阳补肾的食品。这使他懊悔和难过，他觉得自己必须调整，并暗下决心不再见贺妮了。可是，不到一周他就又忍不住去见她。

9月2日晚10点多，他与贺妮在花园和舞厅玩了好一会儿，当他意犹未尽地回到家里，妻子流着泪说：“我看到你的本田车子和一个女人。”“我早就想和你谈这件事……”他紧张地望着她说。“不必说了，如果你们真的相爱，我可以同你离婚。”妻子的脸上浮现出悲壮的光辉。他无地自容，可一想到贺妮迷人的娇态，他脱口说道：“对不起，慧娴，我不是故意的，那个女人实在难以割舍……”当晚，他就搬到贺妮的住处。不料，几天后的一个夜晚贺妮却叩开了妻子的门。她是第一次见到慧娴，她说她很佩服妻子在丈夫的外遇败露之后，从未杀到她府上一哭二闹三上吊。妻子为贺妮倒水，不卑不亢。贺妮倒有些为难，但还是开了口：“我很对不起你……但事情已经发生了。他是一个好人，但我跟他在一起并不合适……”妻子疑惑道：“这些你应该对他说才对。”贺妮说：“我不敢跟他直说，怕他受不了，他其实很脆弱……我不想瞒你，我公司外方总经理已正式向我求爱了，他是德国人。”“原来如此，张显亭成了多余的人了，你拿我当清障人员，领回自己的丈夫。”“也许你觉得我很自私，”贺妮坦言道，“是的，我很自私，显亭和一个外方总经理，无疑我会选择后者”。久久的沉默。最后，贺妮忍不住问：“你打算怎么办？还接纳他吗？”“不知道，我要想一想，”妻子淡淡地说。

紧接着，张显亭在公司也栽了跟头，主任换了别人。此时，他真的进入了“三残”行列：因外遇而残酷了身体，残缺了家庭，残废了事业。12月2日，妻子来到他清冷的办公室，“走吧，我们回家，”说完这句话，她一副筋疲力尽的样子。走至楼梯口，张显亭看见妻子已泪流满面；然而，他感到真正流泪的是自己。

类似这样的所谓爱情出轨在公司高层领导中发生的几率是很高的，看看下面的案例：

因与文书小姐非法同居而从局长宝座上跌落下来的乔申正落魄之际，文书小姐竟又找上门来。乔申大为感动，自古以来，许多故事都说女子爱财，男人一倒霉，女人抽身就走。现在，文书小姐在他最困难的时候仍然来到他身边，说明她不是那种轻薄女子。文书小姐一面柔情万分地催乔申赶紧离婚，一面百般体贴乔申。这使得一度抬不起头的乔申把头昂到了天上：丢了官，毁了家，但有年轻漂亮的姑娘的“炽热爱情”，值得！

春节后的一天，文书小姐娇滴滴地把他的手按到自己的肚子上，告诉他：“咱们的孩子，已经两个多月了。”这期间，乔申的妻子曾多次找到他，说自己虽然恨他，但为了孩子，她可以把这颗苦果咽下去，今后不管发生什么事情，家门永远向他敞开。但乔申还是毅然决然地离了婚。在文书小姐的“启发”下，乔申找同事借了5万元钱，将他们租来的房子装修一新，购置了一套豪华家具，同时，议定4月10日举行婚礼。乔申要求先领结婚证，但文书小姐说等婚礼过后再领不迟。4月10日，婚礼在一家夜总会举行。当天，他们收受的6万余元贺礼全部以她的名义存入银行。结婚后几天，乔申要她一起去补办结婚证，不料文书小姐却勃然大怒：“你这么老了，还想吃天鹅肉？”乔申大惊：“你玩笑开得像真的一样，孩子都几个月了。”她大笑：“你别做梦了，孩子早打掉了。你以为你是谁？你不再是局长，你不过一个普通工作人员，一个无人理睬的可怜虫！你真以为我会为你生孩子，笑话！”

乔申流着泪走了。好多次，他都情不自禁地朝原来家的方向走，瞧妻子上班下班；他也爱去孩子的学校，每当看到妻子和孩子时，躲在街角处的乔申就禁不住流泪。他悔恨啊！当初自己怎么就没有想到文书小姐是冲他的钱来的？他又怎么能想到文书小姐逼他离婚、催他结婚是为了收受贺礼？！

很多有作为的男士在强大的对手面前威震雄风，可却惨败在一个女人手里，把自己一生的幸福葬送了。有位作家说：人若是能倒过来活，那就会不犯错误或少犯错误。可惜人不能倒着活，但我们至少可以以史为镜，以人为镜。乔申局长与文书小姐的外遇个案告诉我们：那些“傍款”、“傍权”的姑娘们有多少是出于真爱呢？当然，我们并不排除个别姑娘是出于真心相爱，但绝大多数是冲着你的“钱”或“权”。

16. 爱，就不要伤害

无论你现在是女孩，还是已成为女人，你终究将会有自己的婚姻。如果人人都去争夺别人的幸福，那么，所有的女人包括女孩都将保不住自己的幸福。己所不欲，勿施于人。我们一样有着脆弱的灵魂，为什么还要互相伤害，彼此杀戮呢？

她曾经有过一个相当美满和稳定的家。丈夫自从踏入领导岗位后，工作一直很繁忙，社交、应酬占据了他许多业务时间，但她从不抱怨地承担了全部的家务。丈夫对此十分内疚，外出出差总不忘给她和孩子带礼物，每天若有迟归，也总是告诉她行踪。在他们结婚20周年之际，丈夫特意请了十几天假，陪她到东南沿海旅游了一趟，他们仿佛又回到了蜜月时光，每天手牵手、肩并肩地出入旅游胜地或商场。以至在上海某宾馆住宿时，被当做偷情者被保安人员盘问了半天，理由是他们的亲热劲儿根本不像老夫老妻。那些日子，是她一生中最快乐的时光。为此她常常在夜深人静时凝视着丈夫熟睡着的英俊面孔喜极而泣，感谢上苍赐予了她这么完美的男人。

到了第三年的春天，渐渐地有一些风声传来，也有朋友委婉地警告她：40—50岁是婚姻的危险期……对此类警告，她总是一笑置之。她不是不知道如今第三者越来越多，男人在经济条件允许下往往会花心，然而如果说在这个世界上她还相信点什么，对什么还放心的话，那就是丈夫对她的爱。

但现实却给了她当头一棒。5月的一天，一大早丈夫就对她说要到武汉出差两天。当晚，同事邀她去吃饭，晚上9点多钟，她从同事家出来，看着月色皎洁，就有意绕了几个圈子，准备到新修的沿江大道上看看。夜风徐徐吹来，沿江大道上一双双恋人在花影树丛中相偎相依。突然，前面灌木丛里的一对男女紧紧相拥的身影吸引了她，那男的背影好熟，怎么会呢？她摇摇头，暗笑自己神经过敏。不一会儿，夜风又飘过他们的笑声，她的心一震，这笑声绝对是丈夫的！她的心仿佛被利器撞击着，阵阵作痛，禁不住加快脚步跟了上去。也许是脚步太重，那男的回头一看，他触电般地愣住了。是他，千真万确是他！刹那间，她不知道当时自己是怎样冲上去使劲把他从那女人怀里一把扯出，然后疯了似的扭头便跑；丈夫也急了，惊慌失措地追了上来。她记不得自己是怎么回家的，当她筋疲力尽地躺倒在床上时，感到整个世界都在沉没。丈夫扑上来抱住她，连连地道歉、诅咒、发誓，他说他只是同情她，想帮帮她，决没有其他意思。他伤感地望着她，眼中的那抹悲哀打动了她，她相信了他。

那是一个遭到丈夫遗弃的女人，她叫倩。日子又平静如水般流淌。丈夫45岁的生日，也是他们结婚22周年纪念日。她特意买了个大蛋糕，烧了几个他爱吃的小菜，然后对着镜子精心修饰了一番。8点，他没回；9点，他依旧没回；将近10点时，他回来了，捧着一大束鲜艳的红玫瑰。一进门便忙不迭地道歉，说上级来厂考察，他得全程陪同，不得已迟归了，说着在她脸上深情地吻了又吻。她还能说什么呢？收了饭菜，她到卫生间去冲澡，当她满身幽香地走进卧室时，丈夫却斜躺在床上睡着了！她爱怜地走近他，用手轻轻抚摸他疲惫的脸，他翻了翻身，口中喃喃说道：“静，别闹了，我很累！”刹那间，她仿佛被雷击中，在这个时候，他呼唤的竟是那个女人的名字啊！她痛苦地在客厅的沙发上坐了一夜，破天荒地抽了一盒烟……

天亮了，丈夫起身看见烟雾中的她，愣住了，她平静地对他说：“我们离婚吧！”起初他不停地认错，但想到那个女人，她就恶心。就这样他们僵持了两个月后，终于离婚了。离婚的当天，丈夫便登上了火车，到哈尔滨去出差。

丈夫从哈尔滨回来了。他一下火车就马不停蹄地赶到家里，提出复婚的请求。他说："失去了你，我更加觉得你的珍贵。原谅我，我现在知道自己错了。"其实她自己也不好过，在丈夫远离的日子，她满脑子都是他的影子，望着他骤然凹陷的双颊，她的心动摇了……一个月后，他的老母病危，临终前，老母亲把他们的手紧紧地牵到一起，眼神里满是乞求和希望。9月底，他们复婚了。

然而，一切并没有结束。元月的一个深夜，丈夫的呼机响了，他没回。之后，每隔5分钟便响一次，当呼机再次响起时，丈夫无奈地走过来，把呼机拿到她面前："静女士留言，若你今晚不来，你会后悔一辈子的。"他嗫嚅着说："我，我怕她会出事……"她疲惫地闭上眼，挥挥手说："你去吧！"他如获大赦般走出了家门，关门声震痛了她，面对着空空的房子，她泪流满面。

第二天晚上，他终于踏进家门，满脸羞愧，眸子却熠熠发光，嗫嚅着说："对不起，我是想克制自己，可我忍不住……静实在是太缠人了，我不知怎么摆脱她。我原来真的只是想安慰安慰她……"

当晚，她去找了静。出乎意料的是，静既不年轻，更不漂亮！她非常冷静地和静聊了很久，最后她恳求静自重些，看在自己往日的痛苦上远离琰，不要给他们的家庭造成新的伤害。静始终不发一言，最后冷冷地说："对不起，这是你丈夫自己的事。"

……

一个星期后，他们又走进了街道办事处。

就在她再婚的前一天晚上，前夫闯进了她的小屋，痛哭流涕地跪在她的面前，他说他们过得并不好，他请求原谅。他说咱们复婚吧。她静静地望着他说："一件衣服破了，无论补缀得怎么好，都不会完整如新，我会一辈子看到那些补丁的。"

17. 爱情也有良心账

如果一段最为珠联璧合的情缘却以极不恰当的形式出现，哪怕它正是你已向佛求了五百年所想要结下的那段情，你也该忍痛放下。

正处大四的侯瑜，跟6名同学一起到四川的一个工地上实习。在那里，她认识了工地的副总工程师——林南。

在以后彼此熟络的日子里，阿南一直细心地呵护着她，除了在工作和学习上予以积极而有效的支持和帮助外，他甚至可以在她远行的提包内装上晕车丸、巧克力甚至卫生巾；可以陪她围着火炉聊上通宵，仿佛他们是一对多年相交的知心朋友……

对于一个长期缺乏家庭温暖、孤独而寂寞的女孩来说，这种成熟男人的温柔魅力几乎是无可抵挡的。当3个月的实习期满，一向活泼开朗的侯瑜回校以后，竟然食不甘味、夜不能寐——有一个声音告诉她，她恋爱了。

一个从小缺乏爱的女孩，一旦爱起来会是非常不顾一切的。毕业后，她轻易撕掉了刚刚取得的三级设计资职证明和建设部一直属单位设计院发来的录用通知，义无反顾地来到阿南身边，平静而坦然地接受了他递给她的市中心私房的钥匙。

阿南是有妻室的，他的妻子是市直机关的一名干部，他的儿子是一音乐学院附小的学生。他与侯瑜的恋情艰难地持续了整整五年，而他的离婚依然遥遥无期。在这段日子里，侯瑜享受到了爱情的甜蜜，同时也品尝到作为一个情人的痛苦。一次，她去他的办公室兼住处找他，他们正谈得高兴，突然听到外面门廊里响起脚步声，接着他的门被叩响了。那一刻，阿南十分慌张，他让侯瑜暂时藏进立柜中，深知他十分注重自己的形象，她就顺从了。叩门的人进来了，他们一直谈啊谈的，她在立柜中，既憋闷又感到十分地屈辱。尽管如此，她还是一如既往地做着他的情人，因为她无法使自己不爱他。

直到有一天她对镜梳妆，突然发现了自己眼角的鱼尾纹！就在那一刻，有一个想法顽强地占据了她的大脑：离开阿南，并在离开他之前见一见他的妻子。

那是一个清冷的黄昏，侯瑜第一次来到阿南的家。此刻的阿南正在北京开会。她看到有一个火盆在屋中燃烧，阿南的儿子正伏在火盆旁的一个小方桌上做作业，阿南的妻子正在一边静静地织毛衣侯瑜注意到侧边的饭桌上摆着剩饭和一盘炒榨菜丝、一盘炒大白菜、还有一个吃剩下的鱼头……

阿南家竟如此简陋她是做梦都不曾想到的，作为一个收入不菲的副总工程师，他家里竟然连一台彩电都没有。

就在那一刻，她的内心被自责得鲜血淋漓。她不知道自己是怎么跪在地上的，待她从恍惚中清醒过来时早已泪流满面。她哽咽着对怒骂自己的阿南的妻子说："大姐……对不起……对不起，我真的对不起你们……"

终于，侯瑜的诚心感动了她，她渐渐停止了怒骂，却开始慢慢盯着她的脸，一遍又一遍地从上往下打量。突然，她一屁股坐在地上号啕大哭起来："妹子，你这么年轻这么漂亮，你到哪儿找不到一个好男人，你为什么一定要跟我争呢，除了阿南，我什么都没有哇……"

以后的整整7天，她强忍阿南妻子时时冒出的醋意带她出入美容院、书店、服装店，沿途一股脑儿地把自己做女人的体会全部倒给了她。最后还告诉她阿南最喜欢吃"野味香"餐馆朱师傅烧的红烧肉，劝她带些礼物去找朱师傅学到这手绝活。

当接到阿南从北京拍来的“次日返回”的电报后，侯瑜毫不迟疑地跑到银行将全部存款统统提了出来直奔阿南家，极力以一种平静的口吻说：“大姐，五年间阿南一共给了我26万元，被我花掉了4万元；由于跟着阿南我已经失去了工作，我离开这儿后生活暂时无着落，因此我还得再带走4万元；余下的18万元都放在这里……祝你们幸福……

事后她已完全不记得当时是怎么摔门而出的，只知道她在狂奔下楼后所有的委屈、辛酸、痛楚，失落顿时全都喷涌而出，把一街的夜色都染湿了……

感情的阀门一旦打开，是很难收住的，无论你是男人还是女人。但有些东西不是属于自己的，即使你为此伤痕累累，命中注定的事还是无法改变。所以，当你一旦发现那不是自己的爱情时，及时果断地离开它才是明智的选择。

18. 他是真的爱你吗?

也许你留恋他的一切，也许你内心深处也迷恋着他，你为他献出了一切，为他抛弃了自己的幸福……但是你是否考虑过他是真的爱你吗……

女兵出身的倪云，纯真爽朗，颇有几分气质。复员后，她到湖北省金融机构办公室工作。不久，刚走上工作岗位的她在一次会议上认识了她所在的金融机构副处长余咏泽。倪云的清纯亮丽一下子吸引住了余。他设法制造机会与她接近，很诚恳地找她谈心，讲自己的身世和奋斗史，尤其是流着泪叙述自己无奈而痛苦的婚姻，讲一个有远大前程的男人将会在一个死亡的爱情中淹没的悲伤。当然，他不失时机地赞美倪云的气质，叹惜相见恨晚……。他的诉说在从未涉足爱河的倪云的心中掀起了阵阵涟漪。

她开始接受余咏泽的约会邀请。余信誓旦旦：我要与老婆离婚，再与你结婚。就这样倪云成了余咏泽的情人。

第二年，倪云被调到余咏泽担任副处长的调研处。为了报答余处长的知遇之恩，倪云献出了一切。不久，她怀孕了，她坚强地顶住各种压力，硬是生下了这个儿子，成了一个未婚母亲。

一天，已升任湖北省国际信托投资公司副总经理的余咏泽约倪云下班后到武昌胭脂路路口见面。倪云如约前往。余咏泽走过来，从公文包里拿出一个报纸包着的小包递给倪云。余轻描淡写地说：“这是5万元钱。”倪云忙问：“哪来这么多钱？”余说：“你就别问了，是我挣的，没问题的。你找个好人家嫁了好好过日子吧！”倪云知道余一直未离婚，而此刻的分手她除了叹惜悲伤外，说不出更多的话。然而，真正可悲的是，她不知道余咏泽给她的钱是索贿的不义之财，更不知道她苦苦等了几年的余咏泽早已与另外一个女人如胶似漆般地构筑了他的第三个“康乐园”。

对于那些年轻的女孩子来说，外面的世界充满诱惑。而那些成熟老练的男人利用女孩子对爱情的忠贞和向往，把她们玩弄于股掌之上。

任百川是王琪的老师，王琪在美院上学时还是个非常内向且羞涩的女孩子，但那时王琪对他就有一种感觉，这种感觉王琪一直强压心底，因为王琪见过他的妻子，一个极美丽的女人。

毕业后，王琪分进一家广告设计公司，工作很忙碌。不久王琪恋爱了，很快又结束。那时王琪才知道，自己之所以无法投入是因为她始终无法忘记任百川。

不知是上天有意安排还是爱神故意捉弄，后来王琪她们公司竟与任百川跳槽后的杂志社有了一段业务上的往来。

那段日子，任百川的作品发表得很猛，打开晚报，或随便在报亭买一本杂志都可以见到他的作品。很漂亮的工笔画带着油墨的清香。王琪一遍遍地看，然后把它凑在鼻下闻，长发散下来，一副喝醉的样子。

一直逃避着这种感情，但因为她们公司和他的杂志社有业务往来，王琪和他还是越走越近。那时，王琪也有作品面世。一次，王琪去他的杂志社找他，他带王琪到他的工作间。那天感觉上，他有些不同往日，话说到一半便不再说，深沉地看王琪，王琪顿时感觉慌乱起来。

任百川便拉起王琪，把王琪抱在怀里。他说他爱王琪。

其实王琪无意于破坏他的家庭，而他也无意于离婚，至于王琪，也从未想过做他的情人。

过后的几天，任百川频繁地打电话约王琪见面。但王琪握着话筒一句话也说不出来。王琪很清楚自己一直爱他，她真心地倾慕他的才华，但今生不再可能和他做牵手人。

任百川当然不愿意和王琪只停留在接吻和抚摸。王琪想念他，但又怕与他进一步接触。

那段日子，感觉很烦，王琪的一幅参展画也变得色调灰暗，底气不足。王琪无心上班，整日躺在小屋里照镜子，镜子里的王琪，一脸憔悴。

终于，她决定离开他，忘了那段感情。为此，她学会了抽烟，因为抽烟时可以暂时忘记任百川。无聊了，也去舞厅，但王琪通常不跳，坐在看台上喝那种加了冰的酒。

在那里，王琪认识了罗。一个温柔得还不太成熟的大男孩。和他在一起，王琪感觉很轻松，也有些许快乐。罗同王琪在一起，只聊文学和足球，不涉及其他话题，但王琪知道，他爱自己。他在一家独资企业工作，有很好的收入，外表也高大帅气。那时王琪已感觉很累，想想若结婚，罗应该不是太坏的选择。

一个月夜，和罗在月下走，那样轻柔的月光，这月光让王琪想起任百川，想起他身上的烟草味道。王琪说："罗，你为什么不抽烟呢？"

罗很诧异地望着王琪，那眼光让王琪感觉自己不再是好女孩了。为了掩饰内心的纷乱，王琪掏出烟，点燃。刚抽了两口，扭头看罗，竟发现他眼里有泪。第一次，他那么霸气地拥王琪入怀。

罗说："我知道你心里有伤，但我不会伤害你，你觉得我好吗？"

"你很好"。

"那么嫁给我吧！"

以后的日子王琪很忙碌，忙着买房子、置家具，忙着做新娘。到了六月末，罗陪王琪去商店选婚纱。

终于看到一件两人都中意的婚纱，价钱很吓人，罗却坚持要王琪试穿。镜中，那雾一般的白纱层层叠叠纷飞，那种梦一样的白衬得王琪飘逸如仙。王琪微笑着在镜中寻找罗的表情，突然，王琪愣住了，王琪看到的不是不远处的罗的脸，而是任百川正陪他的妻子选购服装。他也看到了王琪，隔着镜子，他们四目相对，感到那么遥远，任百川的眼光定在王琪的婚纱上。

刹那时，王琪心跳头晕，泪水夺眶而出，遥远的记忆和疼痛有如漫漫的河水，淹没了王琪就要做新娘的喜悦。那时王琪才知道自己心里爱的仍然是任百川。

王琪脱下婚纱，飞快地跑出了婚纱店。

王琪知道婚礼已是不可能了。

在以后漫长的岁月里，任百川每日都差人来王琪的宿舍，不是送花，而是送蝴蝶标本。

蝴蝶被任百川精心风干制作过。捧着标本，王琪突然发现，这标本就像自己的感情，被任百川掌握着，自己活着死了都离不开他的目光。

王琪应聘去了任百川所在的那家杂志社做美编。任百川那时已做了专职画家，不再去杂志社。读者给任百川的来信，王琪有时拆，里面多是些画稿。

忘了是哪天，在杂志社拆阅来稿，一封极薄的信是给任百川的。王琪以为是画稿，便漫不经心地拆开来：

“任百川：

近来我身体一直不好，很害怕。可我还是要活下去，因为我还要绘画。一直等你来，却总是失望。

来西安的日子不长，我学了不少知识。认识了你，却又失去了太多宝贵的东西。我爱你，可我并不能得到你，因此我除了痛苦以外几乎什么也没有了。我回家不一定结婚，我想去新疆，做我想做的事。

为了你，我失去了女孩儿最宝贵的东西，可我并不后悔，因为我曾经幸福过、快乐过。那就是与你在一起的那些日子，可怜的时光。”

王琪的思维停滞了很长一段时间才恢复。整个下午，她一句话也没有说，就那么伏在画案上，盯着那封信，一动也不动。她的唇边居然还带着笑。她是笑自己啊，痴痴苦守了这么多年的感情，竟是这样！竟是这样一个男人抚摸过她守身如玉的身体，初吻她的唇，让她死心塌地地爱了他那么多年。这么多年可怜的时光！

许多涉世未深的女孩子为了所谓“爱情”付出了一生的时光，半世的幸福，可是她们忘了问自己“他是真的爱我吗？”。